Dr. Gregor Bauer

Optionen-Handel

Der Optionen-Profi

1. Deutscher Dienst für Investitionen in Optionen

Dr. Gregor Bauer

Optionen-Handel

Grundlagen und Gewinn-Strategien direkt vom „Börsenparkett"

Höhere Gewinnchancen – weniger Risiko

Bibliografische Information der Deutschen Bibliothek
Die Deutsche Bibliothek verzeichnet diese Publikation
in der Deutschen Nationalbibliografie;
detaillierte bibliografische Daten sind im Internet
über http://dnb.ddb.de abrufbar

Impressum

Optionen-Profi © 2023 by GeVestor Financial Publishing Group
Theodor-Heuss-Straße 2–4 · 53177 Bonn
Telefon +49 228 8205-0 · Telefax +49 228 3696480
info@gevestor.de · www.gevestor.de

Herausgeberin: Sabine Wagner
Chefredakteur: Dr. Gregor Bauer (v.i.S.d.P.)
Satz: ce redaktionsbüro für digitales publizieren, Heinsberg
Umschlagmotiv: catcha@bigstockphotos.com
Druck: Beltz Grafische Betriebe GmbH, Bad Langensalza

ISBN 978-3-8125-1344-9

GeVestor ist ein Unternehmensbereich
der Verlag für die Deutsche Wirtschaft AG
Vorstand: Richard Rentrop · USt.-ID: DE 812639372
Amtsgericht Bonn, HRB 8165

Inhalt

Vorwort

Dr. Gregor Bauer
Chefredakteur und Chefanalyst
Optionen-Profi
www.optionen-investor.de

Liebe Leserin, lieber Leser,

herzlich willkommen beim Optionen-Profi. Meinen Glückwunsch zu Ihrer Entscheidung und vielen Dank für Ihr Vertrauen. Ich heiße Dr. Gregor Bauer und bin als Optionen-Trader mit jahrzehntelanger Börsenerfahrung ein „Optionen-Profi". Als Chefredakteur des Optionen-Profi gebe ich mein Wissen und meine Erfahrung gern an Sie weiter und nutze beides, um Ihnen optimale Gewinn-Chancen zu empfehlen.

Vor vielen Jahren stand ich am Anfang meiner erfolgreichen Börsenkarriere. Ich habe vieles probiert und auch manches Mal „danebengegriffen". Mein Einkommen aus Börsengeschäften wuchs aber schnell, als ich diese auf Optionen umstellte. Seit etlichen Jahren erziele ich regelmäßig ein hohes Einkommen aus dem Handel mit Optionen. Dadurch bin ich unabhängig in jeder Hinsicht. Und hier komme ich zu einem der vielen Riesenvorteile von Optionen.

Optionen sind im Kurs nicht manipulierbar und bankenunabhängig. Sie teilen Ihre Gewinne nicht mit Banken. Erzielte Gewinne gehören Ihnen, ganz und gar. (O.k., das Finanzamt verdient etwas mit.) Mit Optionen sind Sie unabhängig von Banken und deren manipulationsanfälligen und undurchschaubaren Produkten. Der legendäre Börsen-Milliardär Warren Buffett nannte diese undurchschaubaren Produkte der Emittenten (Banken und Wertpapierhäuser) „finanzielle Massenvernichtungswaffen". „Danke nein", sage ich. Und ich freue mich, dass auch Sie den Schritt in die „Unabhängigkeit" starten.

Beim Stichwort „unabhängig" komme ich zu einem weiteren Riesenvorteil von Optionen: Für die Gewinn-Erzielung mit Optionen ist unerheblich, ob die Kurse der Indizes, Rohstoffe (zum Beispiel Gold, Silber und Öl), Währungen oder Aktien steigen oder fallen. Jeder Auf- und Abwärtstrend bietet Ihnen Gewinn-Chancen: Als Käufer von Call-Optionen gewinnen Sie bei Kurssteigerungen der Basiswerte. Umgekehrt erzielen Sie als Käufer von Put-Optionen Gewinne, wenn die Kurse der Basiswerte fallen. Zu Call- und Put-Optionen lesen Sie hier im Handbuch mehr.

Halten wir fest: Sie können sowohl bei fallenden als auch bei steigenden Märkten Gewinne erzielen. In den über 15 Jahren seit Bestehen des Optionen-Profi gab es mehr Gewinne mit Call-Optionen, da die Märkte überwiegend stiegen.

Beispielsweise startete das Jahr 2015 mit extrem vielen Gewinnen mit Call-Optionen. Im Mini-Crash des August 2015 erzielten die Leser erneut Gewinne mit Put-Optionen, und für den positiven Abschluss des Jahres 2015 sorgten dann wieder Gewinne mit Call-Optionen. Mit Gewinnen aus Call-Optionen endete danach nicht nur das Jahr 2016, sondern auch im Jahr 2017 konnten wir über 30 Call-Gewinne realisieren. Und die Gewinn-Serie im Optionen-Profi setzte sich natürlich auch im Jahr 2018 fort. Im gesamten Jahr 2018 realisierten wir 23 Gewinne mit bis zu +228,6%. Davon allein 18 Gewinne von +100% und mehr!

Seit Januar 2019 fokussiere ich zusätzlich auf noch schnellere Trades mit Optionen! Damit nutzen wir noch intensiver auch die kleinen, wellenförmigen Kursbewegungen. Und zwar insbesondere dann, wenn sich die Märkte seitwärts bewegen, also ohne klaren Auf- oder Abwärtstrend.

Das Corona-Jahr 2020 war für uns ein Gewinn-Jahr
Im Optionen-Profi haben wir auch im Crash-Jahr 2020 kräftig verdient. Insgesamt haben wir 67 Optionen verkauft, davon 50 Optionen mit Gewinn und 17 Optionen mit Verlust. Das ergibt eine Gewinn-Quote von 74,6%! Von den 50 Gewinn-Positionen erzielten 33 Positionen eine Performance von +100%-

Gewinn und mehr! Das sind 66% der Gewinn-Trades! Dazu haben wir im März 2020 die Puts auf den DAX und den S&P 500 verkauft, in die wir im Verlauf des Jahres 2019 günstig eingestiegen waren. So konnten wir mit den Puts auf den DAX Gewinne bis zu +164,7% und mit den Puts auf den S&P 500 Gewinne bis zu +137,8% einfahren.

Der Gewinn des Gesamt-Depots in 2019 lag bei +148,5%! Der Gewinn des Gesamt-Depots im Crash-Jahr 2020 lag bei nochmals +107,5%! Wir haben also in 2019 und 2020 das investierte Kapital jeweils mehr als verdoppelt.

Die Erfolge setzen sich fort – Serien-Gewinne auch in 2021
Auch im Jahr 2021 realisierten wir Gewinne in Serie. In 2021 haben wir insgesamt 49 Optionen verkauft. Davon 39 Optionen mit Gewinn und 10 Optionen mit Verlust. Dies ergibt einen Gewinn-Quote von 79,59%. Von den 39 Gewinn-Positionen erzielten 37 Positionen einen Gewinn von +100%. Damit liegt unsere +100%-Gewinn-Quote bei 94,87% der Gewinn-Trades! Natürlich befinden sich zurzeit im Depot weitere Optionen. Einige davon notieren auch im Buchverlust, viele aber auch im Buchgewinn

Gewinne mit Calls und Puts auch im herausfordernden Jahr 2022
Das Jahr 2022 war geprägt von bisher nicht gekannten Herausforderungen. Corona, der Krieg gegen die Ukraine, die hohe Inflation und Rezessions-Ängste sorgten für stark schwankende Märkte.

Diesem Auf und Ab konnten wir uns auch im Optionen-Profi nicht völlig entziehen. Wir haben mehr Positionen mit Verlust verkauft, als in den Jahren davor. Aber Sie wissen, auch das gehört hin und wieder zum Traden dazu. Insgesamt haben wir in 2022 jedoch wieder serienweise Gewinne realisiert. Insgesamt haben wir 45 Opotionen (Calls und Puts) mit Gewinnen verkauft. Dabei haben wir bis zu 167% mit Calls auf Richemont kassiert und etwa +176% mit Puts auf EUN2. Insgesamt haben wir in 2022 10 Positionen mit einem Gewinn von +100% und mehr verkauft!

Meine Gewinn-Strategie in 2023 – wir halten Calls und Puts

Das Jahr 2023 begann ebenfalls mit einer Gewinn-Serie. Allein im Januar und Februar 2023 konnten wir 10-mal Gewinne einkassieren. Und zwar von +17,1% bis zu +100%. Ich erwarte in 2023 weiterhin starke Schwankungen an den Weltmärkten. Wir werden Phasen starker Kursexplosionen und deutlicher Kursrückgänge erleben. Doch im Optionen-Profi traden wir aktiv im Auf und Ab der Märkte. Wir investieren dazu in Calls und Puts. So gewinnen wir mit Calls, wenn die Märkte steigen, und mit Puts, wenn die Märkte fallen. Insbesondere mit der Strategie „2 Puts für 2 Märkte" reduzieren wir auch weiterhin die Schwankungen unseres Depots. Zudem werden wir in 2023 weiterhin auf „Schnäppchenjagd" gehen: Ich empfehle meinen Lesern bewusst tief gesetzte Limits, die nicht sofort erreicht werden. Im Fall des erwarteten Rücksetzers im anhaltenden Auf und Ab der Börsen stauben wir so günstige Einstiegskurse ab. Kurze, schnelle Kursanstiege nutzen wir dann gegebenenfalls zur schnellen Gewinn-Realisierung, wenn nämlich ein Kursrücksetzer des Basiswerts droht.

Serien-Gewinne von +100% sind auch in 2023 unsere Messlatte! Ich kann Ihnen nicht versprechen, dass wir diese real erzielten Gewinne zukünftig immer wiederholen werden. Aber unser selbst gestecktes Ziel liegt bei mindestens diesen Gewinnen. Ich verspreche Ihnen, meine gesamte Erfahrung einzusetzen, um dieses Ziel mit Ihnen zu erreichen. Ob Sie von Ihren Optionen-Gewinnen leben wollen oder nicht, ist nicht ausschlaggebend. Wichtig ist, dass Ihnen Gewinne mit Optionen ein beständiges Neben- oder Haupteinkommen sichern können. Ich freue mich darauf, mit Ihnen in 2023 weiterhin gewinnbringend zu traden!

Ich wünsche Ihnen viel Erfolg mit dem Optionen-Profi

Ihr

Dr. Gregor Bauer, Chefredakteur und Chefanalyst
„Der Optionen-Profi", www.optionen-investor.de

I Einleitung:
Der Grundstein für den Optionen-Handel

Heute bin ich in der erfreulichen Situation, Ihnen vom „Leben von Optionen" schreiben zu können. Nicht verschweigen möchte ich, dass es teilweise kein einfacher Weg bis hierhin war. Sie können sicher sein, ich habe auch ärgerliche und schmerzliche Verluste verbuchen müssen.

Der Grund: Als ich anfing, gab es so gut wie keinerlei Informationen über Optionen. Und leider hat sich diese Situation auch bis heute nicht deutlich verbessert. Die Banken verschweigen nach wie vor erfolgreich dieses lukrative Finanzinstrument. Sie präsentieren in Hochglanzbroschüren lieber ihre eigenen Produkte, wie z. B. Optionsscheine, Zertifikate, K.o.-Scheine und CFDs, die „finanziellen Massenvernichtungswaffen" (Zitat: Warren Buffett).

Das führt z. B. dazu, dass die Verbraucherzentrale Baden-Württemberg, die von der Bundesregierung die Aufgabe eines Marktwächters für Finanzprodukte bekommen hat, im Dezember 2015 feststellte: „Von 3.500 untersuchten Anlageprodukten waren 45% für die Kunden unpassend. Und satte 95% von 362 Vertragsangeboten, die Bankkunden von den Verbraucherzentralen bewerten ließen, waren nicht im besten Kundeninteresse."

Ich durchbreche dieses Stillschweigen der Banken. Ich möchte, dass *Sie* entscheiden, wie Sie Ihr Geld investieren. Dazu benötigen Sie ganz besonders auch das Wissen um die vielen Gewinn-Chancen mit den im Kurs nicht manipulierbaren und bankenunabhängigen Optionen.

Meine ersten Optionen handelte ich schon in den 1980er-Jahren, als ich in Mainz Naturwissenschaften und Volkswirtschaft studierte. Natürlich blieb mir damals als Student auch nichts anderes übrig, als mit kleinem Geld zu handeln. Anfängliche Verluste blieben natürlich nicht aus. Die Mehrzahl der ersten Trades endete mit der wertlosen Ausbuchung der Optionen. Doch mit der Zeit lernte ich immer mehr dazu und die Erfolge stellten sich ein. Die Faszination der Hebel-Kraft der Optionen ließ mich dann auch während meines folgenden Berufslebens in der Finanzbranche nicht mehr los.

Was mich am Traden mit Optionen immer fasziniert hat, ist die Tatsache, dass ich mit geringem Geldeinsatz sehr schnell sehr hohe Gewinne einfahren kann. Ich blicke heute auf eine mehr als 30-jährige Berufserfahrung im Bereich der Finanzmärkte und des Tradings zurück. Ich kenne kein Finanzinstrument, dass bei fairer Preisstellung durch eine regulierte Börse ein besseres Chance-Risiko-Verhältnis ermöglicht.

In diesem Handbuch habe ich präzise zusammengefasst, was für Ihren schnellen und anhaltenden Börsenerfolg mit Optionen wichtig ist.

Bedenken Sie dabei: Wenn Sie heute das erste Mal über die manipulationsgeschützten Optionen lesen, werden Sie am Ende des Buches kaum jedes Detail „wissen".

Das ist auch gar nicht nötig. Denn immer, wenn Sie in Zukunft über einen Begriff stolpern, den Sie noch nicht vollständig verstehen, schlagen Sie nochmals kurz im Handbuch nach. Wenn ich Ihnen zum Beispiel eine aussichtsreiche Gewinn-Chance mit der 100%-Ziel-Verkauf-Strategie empfehle, Ihnen diese Strategie aber nicht völlig klar ist, finden Sie passende Informationen in diesem Handbuch.

Dieses Handbuch ist der solide Boden und das Fundament, auf dem Sie Ihr Optionen-Gewinn-Haus bauen. Sie sind damit für Ihre Trades bestens gerüstet. Dann optimieren Sie Ihr Trading. Ich stehe Ihnen dabei als Architekt und Statiker zur Seite, damit Ihr Optionen-Gewinn-Haus besonders stabil wird – und obendrein ein ausgesprochen schöner Blickfang oder sogar eine Pracht-Villa.

Wie beim Hausbau haben Sie sicher die eine oder andere Frage an den Fachmann, den Optionen-Profi. Dann schlagen Sie einfach noch einmal nach: Dr. Gregor Bauer empfiehlt einen Call oder Put mit einem Gewinnpotenzial von +100%? Stimmt, da steht doch was im Handbuch des Optionen-Profi …

Sie wissen, einen Architekt und Statiker können Sie immer fragen, wenn es um den Hausbau geht. Es ist Ihr Haus und es ist Ihr Geld, das Sie investieren. Und wenn die Pläne und Unterlagen des Architekten Ihnen nicht alle Fragen beantworten, rufen Sie dort an oder schreiben eine E-Mail.

Das gilt natürlich auch für den Bau Ihres Optionen-Gewinn-Hauses. Mit diesem Handbuch haben Sie den Optionen-Profi Schnelleinstieg (kartonierte Hochglanzseite) erhalten. Dort sehen Sie unsere Kontaktdaten und wie Sie mich erreichen können.

Ich freue mich auf Ihre Anregungen und Fragen. Denn dann weiß ich, dass auch Sie „den Banken ein Schnippchen schlagen".

II   Das sind Optionen

Eine Option wird folgendermaßen definiert:

> Der Käufer einer Option hat das Recht, eine genau definierte Leistung aus-
> zuüben. Der Zeitraum/Zeitpunkt, für den dieses Recht gilt, wird in der Op-
> tion exakt festgelegt. Es handelt sich um die Laufzeit der Option. Sie endet
> mit dem Fälligkeitstermin der Option. Eine Option ist also keine Aktie und
> kein Wertpapier, sondern ein rechtlich verbindlicher Vertrag. Der Käufer eines
> Calls oder Puts hat das Recht, die in der Option genau definierte Leistung ab-
> zurufen. Es besteht allerdings seitens des Käufers keine Verpflichtung dazu.

Es gibt zwei Arten dieser Rechte durch Optionen:

1. Das Recht zum Kauf eines Basiswertes (z. B. Aktien) innerhalb oder am
   Ende einer fest vereinbarten Zeit zu einem vereinbarten Preis. Dieses
   Recht erlangen Sie durch den Kauf einer Call-Option.
2. Das Recht zum Verkauf eines Basiswertes innerhalb oder am Ende einer
   fest vereinbarten Zeit zu einem vereinbarten Preis. Dieses Recht erhalten
   Sie durch den Kauf einer Put-Option.

Optionen sind ganz einfach

Für die angestrebten kurz-, mittel- und langfristigen Gewinne des Optionen-
Profi nutze ich das börsliche Optionen-Geschäft. Optionen werden an der
Börse zu je meist 100 Calls oder Puts in Kontrakten zusammengefasst.

Die manipulations-geschützten Optionen werden über einen Broker an der
Eurex (Europäische Terminbörse) und an US-Terminbörsen gehandelt und
nicht beispielsweise an der Euwax, der Stuttgarter Börse. Sie handeln an den
Terminbörsen genauso, wie Sie es möglicherweise vom Aktienhandel kennen.

Bei einem Optionsgeschäft an der Börse erwirbt der **Käufer eines Call-Kontraktes** das Recht, innerhalb oder am Ende eines genau definierten Zeitraums (Laufzeit der Option) eine im Kontrakt festgelegte Anzahl eines Basiswertes (z. B. Aktien) zu einem vereinbarten Preis (Basispreis) zu kaufen. Entsprechend erwirbt der **Käufer eines Put-Kontraktes** das Recht, eine Zeit lang bzw. am Ende die im Kontrakt definierte Anzahl des Basiswertes zum Basispreis der Puts zu verkaufen.

Bei einer **Option auf einen Index** wird ein Euro- oder Dollar-Betrag für die Veränderung pro Index-Punkt festgelegt. Bei einem Call oder Put auf einen Index erwirbt der Käufer der Option somit das **Recht auf einen Barausgleich** für die Veränderung der Index-Punkte.

Wir kaufen im Optionen-Profi an den Optionen-Börsen Calls und Puts auf Indizes, Aktien, Rohstoffe (Gold, Silber, Öl) oder Währungen und stellen diese wieder glatt (Verkauf vorher gekaufter Optionen). Für diesen Kauf und das damit verbundene Recht zahlen wir als Käufer der Optionen einen Preis (die Prämie). Das Ziel besteht immer darin, gekaufte Optionen mit Gewinn glattzustellen.

Wichtig: Optionen haben keine Wertpapier-Kennnummer (WKN) oder International Securities Identification Number (ISIN), wie Sie diese vielleicht vom Aktienhandel oder Handel mit Optionsscheinen kennen. In jeder Option werden Basiswert, Basispreis und Fälligkeitstermin (Laufzeit der Option) sowie die Ausrichtung (Call oder Put) exakt festgelegt. Optionen sind durch die Angaben, die ich im Optionen-Profi mache, eindeutig definiert.

Eine Call-Option auf den DAX (Kürzel ODAX) lautet beispielsweise so:

Option:	Call
Basiswert:	ODAX
Basispreis:	15.000 Punkte
Laufzeit der Option:	Dezember 2023

Optionen an US-Börsen haben die gleichen Angaben.

So sieht zum Beispiel die Bezeichnung einer US-Put-Option auf einen Nasdaq-Fonds (Kürzel QQQ) aus:

Option:	Put
Basiswert:	QQQ
Basispreis:	330 $
Laufzeit der Option:	Dezember 2023

Durch diese Angaben definieren sich diese Optionen exakt und eindeutig. **Optionen werden zu Kontrakten zusammengefasst.** In einem Kontrakt sind typischerweise 100 Optionen. Diese Zahl der Optionen pro Kontrakt kann aber abweichen. In einem Kontrakt Optionen auf den DAX sind beispielsweise 5 Optionen. Bei meinen Empfehlungen nenne ich Ihnen immer die Anzahl Optionen je Kontrakt. Das ist deshalb wichtig, damit Sie wissen, welchen Betrag Sie investieren. Angegeben wird immer der Preis für eine Option, der auf die Kontraktgröße hochgerechnet werden muss, um die Gesamtinvestition zu kennen. Sie handeln immer mindestens einen Kontrakt oder ein Mehrfaches davon. **Eine Stückelung der Kontrakte ist nicht möglich.** Die Höhe Ihrer Investition bestimmen Sie selbst durch die Anzahl gekaufter Kontrakte.

Optionen haben keine Emittentin. Anders ist das beispielsweise bei Optionsscheinen, Zertifikaten und K.o.-Scheinen, die von Banken emittiert werden und von Banken in ihren Kursen beeinflusst werden können. Da für die Banken diese Gewinnmöglichkeit durch Kursmanipulation bei Optionen nicht gegeben ist, verschweigen viele Banken in Deutschland den lukrativen Optionen-Handel oder raten sogar davon ab. Aus demselben Grund bieten auch nicht alle Banken den Zugang zum Optionen-Handel an der Eurex oder direkt in den USA. Falls Sie Optionen über Ihre Bank nicht handeln können, nenne ich Ihnen gerne Kontaktdaten von Brokern, die Ihnen dieses ermöglichen. Schreiben Sie dazu gegebenenfalls einfach eine E-Mail an die Redaktion: **redaktion@optionen-profi.de**

Der faire Preis einer Option

Der Kauf- und Verkaufspreis einer Option (die Prämie) kann von einer Emittentin nicht beeinflusst werden, weil es diese gar nicht gibt.

In den Preis einer Option fließen folgende Faktoren ein:

1. Kurs des Basiswertes
2. Volatilität (Kursschwankung) des Basiswertes
3. Zukünftig erwartete (implizite) Volatilität
4. Ausübungspreis (Basispreis) der Option
5. Laufzeit der Option
6. Dividendenzahlungen bei Aktienoptionen
7. Zinsniveau

Hinzu kommt ein entscheidendes Kriterium: **Angebot und Nachfrage**

An den Terminbörsen herrscht freier Wettbewerb. Einen den Kurs beeinflussenden Emittenten gibt es nicht. Käufer und Verkäufer bestimmen durch ihre Angebote und Nachfragen den Kurs, zu dem eine Option gehandelt wird. Und dieses „freie Spiel der Kräfte" sorgt für jederzeit faire Optionspreise.

Die Hebelkraft von Optionen führt zu fantastischen Gewinnen

Sie haben gelesen, dass ein Call das Recht beinhaltet, eine Aktie (oder einen anderen Basiswert) zu einem bestimmten Kurs zu kaufen. Diese einfache Aussage führt zur gewinnbringenden Hebelkraft von Optionen. Das lässt sich an je einem *vereinfachten* Beispiel für Call und Put anschaulich nachvollziehen:

+20% Gewinn der Aktie führen zu +300% Gewinn mit Calls

Eine Aktie notiert bei 300 €. Sie kaufen eine Call-Option mit dem Basispreis 300 €. Diese kostet, je nach Laufzeit, 15 €. Sie haben als Inhaber des Calls nun das Recht, die Aktie für 300 € zu kaufen. Für dieses Recht haben Sie 15 € bezahlt.

Steigt die Aktie, wie von Ihnen erwartet, auf 360 €, hat der Call einen Wert von mindestens 60 €. Denn Sie haben das Recht, die Aktie für 300 € zu kaufen, obwohl sie auf 360 € gestiegen ist.

Die folgende vereinfachte Rechnung stellt den Gewinn dar:

In Ihrem gekauften Kontrakt Optionen befinden sich 100 Calls. Sie haben also 100 × 15 € = 1.500 € bezahlt. Nun **könnten** Sie 100 Aktien für 300 € kaufen (gesamt 30.000 €) und sofort für 360 € (gesamt 36.000 €) verkaufen.

Ihr Gewinn errechnet sich so:

+	6.000 €	Gewinn aus dem fiktiven Aktiengeschäft
−	1.500 €	Kaufpreis für die Calls
=	**4.500 €**	**Gewinn**

Sie haben durch die Hebelkraft der Optionen einen Gewinn von +300% erzielt. Im Vergleichszeitraum stieg die Aktie nur um +20%. **In der Praxis kaufen und verkaufen Sie aber keine Aktien.** Sie können die Calls an der Börse für mindestens 6.000 € verkaufen. Haben die Calls nämlich noch eine Restlaufzeit von Wochen oder gar Monaten, können Sie durch den Verkauf auch deutlich mehr als 6.000 € erzielen. **Den Gewinn von mindestens 4.500 € realisieren Sie durch die Glattstellung** (Verkauf) **der gekauften Calls.**

Vergleichbare Gewinne erzielen die Leser des Optionen-Profi immer wieder. Hier ein Beispiel: Kauf von Calls auf Silber am 06.09.2010 zu 0,70 $. Verkauf am 06.12.2010 zu 3,00 $. **Realisierter Gewinn: +328,6%.**

20% Verlust in der Aktie erzielen +500% Gewinn mit Puts

Bei fallenden Aktienkursen erzielen Sie genauso hervorragende Gewinne mit den Empfehlungen des Optionen-Profi. Auch das lässt sich wieder an einem Beispiel ganz einfach darstellen:

Ein Put beinhaltet das Recht, einen Basiswert (beispielsweise eine Aktie) zu dem festgelegten Basispreis zu verkaufen. Eine Aktie steht bei einem Kurs von 300 €. Sie kaufen einen Put mit einem Basispreis von 300 €. Sie bezahlen, je nach Laufzeit der Option, 10 € pro Put. Für Ihren Kontrakt mit 100 Puts bezahlen Sie also insgesamt 1.000 €. Sie haben dadurch das Recht erworben, 100 Aktien für je 300 € zu verkaufen. Dabei spielt es keine Rolle, zu welchem Kurs die Aktie an der Börse gehandelt wird. Erfüllt sich Ihre Erwartung und die Aktie fällt auf 240 €, sieht Ihre Gewinn-Rechnung so aus:

Sie haben 1.000 € für die Puts bezahlt. Nun **könnten** Sie 100 Aktien an der Börse zu je 240 € (Tageskurs an der Börse) kaufen. Sie bezahlen insgesamt 24.000 €. Durch das Recht aus Ihren Puts können Sie diese 100 Aktien sofort für je 300 € verkaufen. Sie nehmen also 30.000 € ein. Die Differenz von 6.000 € ist Ihr Gewinn dieses Aktiengeschäftes.

Ihr Konto zeigt dieses Ergebnis:

+	6.000 €	Gewinn aus dem fiktiven Aktiengeschäft
−	1.000 €	Kaufpreis für die Puts
=	**5.000 €**	**Gewinn**

Sie haben durch den Put-Kauf und die Hebelkraft der Optionen einen Gewinn von +500% erzielt. Diesen konnten Sie gerade deswegen realisieren, weil die Aktie im selben Zeitraum einen Verlust von 20% verbuchen musste. **Auch beim Kauf von Puts handeln Sie typischerweise nicht mit Aktien.** Sie verkaufen Ihre Puts an der Börse für mindestens 6.000 €. Haben die Puts nämlich noch eine Restlaufzeit von Wochen oder gar Monaten, können Sie durch den Verkauf auch deutlich mehr als 6.000 € erzielen. **Den Gewinn von mindestens 5.000 € erzielen Sie auch hier durch das Glattstellen** (Verka... fen) **Ihrer gekauften Puts.**

Put-Gewinne im Corona-Crash

Als die Märkte im Februar und März 2020 wegen der Corona-Pandemie weltweit zusammenbrachen, haben wir im Optionen-Profi hohe Gewinne mit Puts realisiert. Ich stelle Ihnen hier beispielhaft einige der Put-Gewinn-Trades auf den DAX vor. Ähnlich hohe Gewinne haben wir beispielsweise auch mit Puts auf den US-Index S&P 500 erzielt. Beachten Sie insbesondere die hohen Gewinn-Hebel. Der DAX fällt stark, aber mit den Put-Optionen gewinnen Sie sogar noch mit einem Hebel.

Basis-wert	Option	Kauftag	Kauf-preis	Verkaufs-tag	Ver-kauf-spreis	Gewinn der Op-tion	Verlust des Ba-siswerts	Ge-winn-Hebel
DAX	Put - Dez.21 - 8.000 P.	11.02.2020	85 €	02.03.2020	225 €	164,70%	–13,20%	12,5
DAX	Put - Dez.21 - 8.000 P.	10.01.2020	101 €	02.03.2020	225 €	122,70%	–12,60%	9,7
DAX	Put - Dez.20 - 8.000 P.	12.12.2019	44 €	28.02.2020	105 €	138,60%	–10,10%	13,7
DAX	Put - Dez.20 - 8.000 P.	07.11.2019	43 €	28.02.2020	105 €	144,20%	–10,20%	14,1

Mit Puts sind wir auch gegen mögliche kommende Crashs bestens gerüstet!

4 Vorteile der manipulationsgeschützten Optionen auf einen Blick

1. Die **Hebelkraft von Optionen** führt zu Gewinnen von 50%, 85%, 200% oder auch 500% und mehr. Diese Gewinne werden erzielt, auch wenn sich

der Basiswert um vergleichsweise bescheidene 5%, 15% oder 25% auf- oder abwärts bewegt.

2. Diese Gewinne können Sie mit **weit weniger Kapital** erzielen, **als** Sie für den **Direktkauf von Aktien** investieren müssen. In obigen Beispielen hätten Sie für den 20%-Gewinn beim Aktienkauf 30.000 € für 100 Aktien investiert. Ihr Gewinn läge damit bei 6.000 €. Für die Calls haben Sie aber nur 1.500 € bezahlt. Stellen Sie sich vor, Sie hätten 30.000 € in Calls investiert. Sie hätten 20 Kontrakte Calls gekauft. Dann läge Ihr Gewinn bei mindestens 90.000 € (mindestens 4.500 € Gewinn pro Kontrakt mal 20 = 90.000 €).

3. Ihr **Risiko** beim Kauf von Calls und Puts ist **immer begrenzt.** Ihr Verlust beträgt maximal den Kaufpreis, den Sie für die Optionen bezahlt haben. **Es gibt keine Nachschusspflicht bei den typischen Optionsgeschäften** (Kauf von Optionen und deren Glattstellung) **des Optionen-Profi.** Ginge die Spekulation mit dem Call-Kauf nicht auf und die Aktie würde 60 € verlieren und bei 240 € notieren, begrenzt sich Ihr Verlust folglich auf maximal den Kaufpreis von 1.500 € pro Kontrakt Calls. Hätten Sie aber 100 Aktien dieses Basiswertes, läge Ihr Verlust durch den Kursverfall der Aktie bei 6.000 € (100 Aktien mit jeweils 60 € Kursverlust).

4. **Mit Optionen erzielen Sie nicht nur bei steigenden, sondern auch bei fallenden Märkten Gewinne.** Sie sind völlig unabhängig davon, ob Kurse der Basiswerte (Aktien/Indizes/Edelmetalle wie Gold und Silber) steigen oder fallen. Gewinne erzielen Sie laufend in beiden Richtungen. Durch die Hebelkraft der Optionen reichen relativ kleine Kursbewegungen der Basiswerte aus, um mit Calls und Puts hohe Gewinne im Auf und Ab der Märkte zu erzielen.

III   Der Optionen-Profi

Die erfolgreiche Strategie des Optionen-Profi

Ich habe jahrelang die besten Strategien der US-Profis im Optionen-Handel analysiert und mit namhaften Optionen-Spezialisten zusammengearbeitet. Diese Strategien habe ich für den Handel mit Optionen im deutschsprachigen Raum optimiert. Daraus habe ich ich **für den Optionen-Profi eine eigene Strategie entwickelt.** Diese Strategie verfeinere ich ständig.

Der Optionen-Profi differenziert Strategien für kurzfristige, mittelfristige und langfristige (Definition auf Seite 29) Investitionen mit Optionen.

Basis-Depot: Die mittel- und langfristig ausgerichteten Trades nutzen die 100%-Ziel-Verkauf-Strategie und werden im Basis-Depot geführt.

Chancen-Depot: Die kurzfristigen Trades mit Gewinnzielen von +20% bis hin zu weit höheren Gewinnen auch von mehreren 100% führe ich im Chancen-Depot.

Dazu mehr auf den folgenden Seiten.

Je nach Dauer des geplanten Trades bewerte und gewichte ich die recherchierten Fakten (fundamentale Daten, Charttechnik etc.) unterschiedlich.

Die Gewinn-Analyse-Strategie des Optionen-Profi

„Trading" bedeutet hier für mich: „aktives Handeln". Dies wiederum setzt immer einen aktuell, zum Empfehlungs-Zeitpunkt eindeutigen Analyseprozess voraus. Es kommt an dieser Stelle nämlich nicht nur darauf an, fundamental erfolgversprechende Basiswerte und passende Optionen zu finden, sondern insbesondere auch das richtige Timing, den Ein- und den Ausstieg, zu steuern.

Deshalb lautet hier die Richtlinie:

Optimaler Einstieg + richtiger Ausstieg = hohe Gewinne!

Da ich seit über 30 Jahren im Bereich der allgemeinen Geldanlage, des Tradings und des erfolgreichen Investments aktiv bin, habe ich, auf der Basis meiner gesammelten Erfahrungen, die natürlich auch durch zahlreiche Rückschläge und Enttäuschungen geprägt waren, erwiesenermaßen erfolgreiche Bewertungskriterien zusammengestellt:

In 3 Schritten zur Gewinner-Option

Ich bewerte alle Basiswerte und Optionen kritisch, bevor diese als Empfehlung im Depot des Optionen-Profi landen. Um als optimale Empfehlung zu gelten, muss der Basiswert der Option 3 grundsätzliche Bewertungskriterien erfüllen – ausnahmslos!

So gehe ich vor:

1. Schritt: Bewertung der Konjunkturdaten und der konjunkturellen Lage durch die Auswertung von Konjunkturindikatoren (allgemeine Marktentwicklung)

2. Schritt: Bewertung der konkreten Unternehmensdaten, des realen Unternehmenswerts und die Bestimmung des künftigen Kursziels anhand präziser, aufeinander abgestimmter fundamentaler Kriterien

3. Schritt: Zeitpunkt und Timing des Ein- und Ausstiegs anhand charttechnischer Kriterien

Jede, und zwar wirklich jede Option, die ich Ihnen empfehle, muss diesen strengen Selektionsprozess der 3 Bewertungskriterien der Werthaltigkeit durchlaufen. Die Begriffe „Bewertung" und „werthaltig" stehen dabei im Vordergrund. Meine 3 Bewertungskriterien sind knallhart, und am Ende meines Bewertungsprozesses bleiben daher nur die werthaltigsten Trade-Empfehlungen übrig, die ich Ihnen dann umgehend zusende.

Dazu mein Versprechen an Sie: Ich empfehle Ihnen ausschließlich diejenigen Optionen auf Aktien oder Indizes für das Depot, die mein 3 Bewertungskriterien erfüllen – ausnahmslos!

Wenn es daher einmal vorkommen sollte, dass wegen der speziellen Marktlage keine Option den Selektions- und Bewertungsprozess überlebt, schreibe ich Ihnen dies auch genauso im Optionen-Profi-Eil-Dienst. Denn: Wir wollen gewinnbringende und werthaltige Optionen traden, keine „Schrott"-Optionen – und halten daher eben auch einmal still, wenn es die Marktlage so vorgibt und es sein muss.

Volle Transparenz

Damit Sie nachvollziehen können, was ich mit meinen 3 Bewertungskriterien in jedem Einzelfall analysiere, zeige ich Ihnen hier auf, was sich hinter meinen 3 Bewertungskriterien verbirgt:

1. Schritt: Bewertung der Konjunkturdaten

Ich analysiere und bewerte zunächst die Konjunkturdaten. Dies gibt mir einen groben Anhaltspunkt, wie sich, übergeordnet betrachtet, allgemein die Märkte entwickeln werden.

Volkswirte bezeichnen diese Daten als „makro-ökonomische Daten". Diese sind unser „roter Faden". Professionelle Analysten unterscheiden bei diesen „Konjunkturdaten" zwei Arten: nämlich die sogenannten „harten" und die „weichen" Daten.

Was ist damit gemeint? Zu den **harten** Daten zählen wir alle bestätigten Konjunkturdaten, beispielsweise

> Arbeitsmarktdaten (wie etwa die Arbeitslosenquote)

> Daten zur Inflation oder

> Daten zu Auftragseingängen der Industrie.

Zu den **weichen** Daten zählen

> Alle Umfrageergebnisse, wie etwa der bekannte „Finanzmarktreport" des „Leibniz-Zentrums für Europäische Wirtschaftsforschung" an der Universität Mannheim (ZEW). Dabei werden monatlich 300 ausgewählte Analysten zu Ihrer Einschätzung der konjunkturellen Entwicklung befragt. Die Ergebnisse dieser Umfrage werden dann als ZEW-Finanzmarktreport in allen Medien veröffentlicht. Als einer der 300 auserwählten Analysten des ZEW-Umfragepanels bin ich an dem Zustandekommen dieser Daten beteiligt. Ich werde Ihnen daher immer aus erster Hand und zeitnah von den Erwartungen der Profis berichten können und die Ergebnisse daraus natürlich für Sie auch bewerten und kommentieren.

> Der gleichfalls renommierte „Geschäftsklimaindex" des Leibniz-Instituts für Wirtschaftsforschung an der Universität München (ifo Institut) arbeitet ebenfalls mit Umfragen. Dabei werden jedoch nur Unternehmer zu ihrer Einschätzung befragt.

oder

➤ Die wichtigen Befragungen der Einkaufsmanager in den USA.

Allgemeine Umfragen greifen also zunächst die Stimmungen und Erwartungen der Profis aus der Finanzwelt und der Industrie auf. Diese geben wichtige Hinweise auf die künftige konjunkturelle Entwicklung, die sich dann in
den harten Daten widerspiegeln sollte … und wird!

2. Schritt: Die Analyse und Bewertung der konkreten Unternehmensdaten

Die Analyse der konkreten Unternehmensdaten folgt im Anschluss an die
allgemeine Konjunkturbewertung. So finde ich für Sie die jeweils besten Unternehmen einer Branche oder einen Index. Ich bewerte dabei Unternehmen
und Branchen und bestimme die Kursziele dieser Basiswerte anhand meiner
fundamentalen Kriterien. Volkswirte bezeichnen diese Daten zur Unterneh-
mensbewertung als „mikro-ökonomische Daten".

Ich greife aber auch auf die Analysen führender Investmentbanken zurück,
auf die ich als Portfolio-Manager zusätzlich Zugriff habe. Das hat einen besonderen Grund: Veröffentlichte Analysen bekannter Investmentbanken, wie
etwa Goldman Sachs oder J.P. Morgan, können tatsächlich den Markt beein-
flussen. Diese Analysen werden von den sogenannten „finalen Investoren",
beispielsweise Aktienfonds, Pensionskassen oder den großen Vermögensver-
waltern gelesen. Setzen diese die Empfehlungen dann auch um, bewegt sich
entsprechend auch der Basiswert. Damit setzt sich dann, bildlich gesprochen,
der Trend und der Markt in Bewegung.

Ziehen wir an dieser Stelle ein kurzes Fazit:

1. Im bisherigen Selektionsprozess, Schritt 1 und Schritt 2, habe ich werthal-
    tige und fundamental aussichtsreiche Basiswerte gefunden.

2. Nur Optionen auf Basiswerte, die diesen Prozess überstehen, nehme ich zunächst überhaupt in die Beobachtungsliste für unser Depot auf.

Doch das reicht noch nicht aus, um Ihnen eine Option auch tatsächlich zu empfehlen. Alle Basiswerte müssen auch noch die entscheidende 3. Bewertungsphase überstehen:

3. Schritt: Zeitpunkt und Timing des Ein- und Ausstiegs

Den Zeitpunkt für den optimalen Einstieg und den richtigen Ausstieg bemesse ich anhand von charttechnischen Kriterien des Basiswertes.

Beim Trading spielt das Timing eine entscheidende Rolle.

Die zeitnahe Analyse der jeweiligen Charts gibt uns konkrete Kauf- und Verkaufssignale für den zeitlich richtigen Ein- und Ausstieg. In meiner Funktion als Vorstandsvorsitzender der Vereinigung der technischen Analysten Deutschlands (VTAD), sowie als Vorstandsmitglied des Weltverbands der technischen Analysten (IFTA) mit Sitz in den USA, kann ich Ihnen daher aus erster Hand versichern: Auch professionelle Investoren, also die Mitglieder dieser Verbände, achten genau auf Veränderungen der charttechnischen Kriterien, um entsprechend zu handeln.

Eines dürfen Sie dabei aber bitte nicht vergessen: Die Analyse eines Unternehmens und die daraus folgende Bestimmung fundamentaler Kursziele ist zwar unerlässlich. Doch erst wenn ein Wert auch allgemein von den Investoren „entdeckt" wird, diese also zu kaufen beginnen, kann der Preis steigen.

Um im Bild zu bleiben: Erst wenn der Chart uns Signale gibt, dass sich die maßgeblichen Investoren in Bewegung setzen, also KAUFEN, und damit einen neuen Trend auslösen, werden auch wir handeln.

Wir sind niemals schlauer als der Markt und stellen uns nicht dagegen. Im Gegenteil:

Wir nutzen die Bodenbildungsphase (niedriger Preis) des Basiswertes, um mit einer Option mit Abstauber-Limit (bester Kaufpreis!) auf Schnäppchenjagd zu gehen.

Die anschließende Trendbewegung, die Investoren kaufen, katapultiert unsere Optionen dann mithilfe der enormen Hebelwirkung in die Gewinnzone.

Wir folgen also den Fußspuren der maßgeblichen Investoren. Dabei ist uns die Charttechnik eine außerordentlich wertvolle Hilfe.

Und schon sind wir wieder bei unserer eingangs definierten Richtlinie:

Optimaler Einstieg + richtiger Ausstieg = hohe Gewinne!

Kurz-, mittel- und langfristige Trades

Die Definition:

Kurzfristige Trades:
Das Gewinnziel soll innerhalb weniger Tage bis 4 Wochen erreicht werden. Empfehlungen für diese Trades erhalten Sie im Laufe der Woche mit dem Optionen-Profi-Eil-Dienst per E-Mail, sobald sich eine Gewinn-Chance zeigt. Die kurzfristigen Trades führe ich im Chancen-Depot.

Mittelfristige Trades:
Das Gewinnziel soll innerhalb von 1 bis 6 Monaten erreicht werden.

Langfristige Trades:
Das Gewinnziel soll innerhalb von 6 bis 12 Monaten erreicht werden.

Mittel- und langfristig ausgerichtete Empfehlungen erhalten Sie mit der Monatsausgabe des Optionen-Profi. Die mittel- und langfristig geplanten Trades führe ich im Basis-Depot.

Das Basis-Depot: Chancen mit der 100%-Ziel-Verkauf-Strategie

Für die Empfehlungen des Basis-Depots untersuche ich fundamentale Daten von Unternehmen, Aktiencharts mit Hilfe der Charttechnik, die Marktstimmung und Berichte großer Medien.

Ich empfehle Ihnen nur die Call- oder Put-Optionen, die eine realistische Chance auf den 100%-Ziel-Gewinn haben.

Die 100%-Ziel-Verkauf-Strategie

Kennen Sie die Worte „hätte", „wenn" und „aber"?

➤ „**Hätte** ich doch bei 50% Gewinn verkauft."

➤ „**Wenn** ich gewusst hätte, dass der Kurs wieder dreht, hätte ich sofort verkauft."

➤ „**Aber** ich wollte doch so gerne noch 500 € mehr Gewinn. Leider ..."

Dies sind die wohl meist gebrauchten Worte im Börsenhandel.

Bei Verlusten sagen wir: **„Erfolgreiche Anleger unterscheiden sich von erfolglosen Anlegern durch emotionsloses Akzeptieren und schnelle und konsequente Begrenzung der Verluste."**

„Hätte", „wenn" und „aber" gibt es bei erfolgreichen Anlegern nicht.

Ähnlich gilt diese Aussage auch bei Gewinnen:

Erfolgreiche Anleger unterscheiden sich von erfolglosen Anlegern durch schnelles und konsequentes Realisieren der Gewinne.

Eine stille Freude am Gewinn ist natürlich schon erlaubt, ja erwünscht. Denn Sie sollen doch Freude am Handel mit Optionen haben.

Um die Gierfalle zu vermeiden, habe ich für unsere Empfehlungen im Basis-Depot die

100%-Ziel-Verkauf-Strategie

entwickelt.

Niemand kennt den morgigen Kurs einer Aktie. Den kenne auch ich nicht. Aber es gibt erkennbare Trends und wiederkehrende Muster, sodass eine Kursbewegung doch oftmals mit hoher Wahrscheinlichkeit vorauszusagen ist. Wo genau diese endet, ist vorab nicht präzise bestimmbar.

Ich analysiere laufend Hunderte von Aktienwerten sowie Rohstoffe und Indizes und filtere dabei jeden Monat die aussichtsreichsten Aktien für die Empfehlungen im Basis-Depot heraus. Ich weiß aus Erfahrung, dass eine dynamische Kursbewegung von 10% oder 20% bei Aktien fast immer einhergeht mit zwischenzeitlich gegenläufigen Kursbewegungen.

Der Kurs einer Aktie steigt fast nie steil an ohne zwischenzeitliche Rücksetzer.

Der Kurs einer Aktie fällt fast nie steil nach unten ohne zwischenzeitliche Erholungen.

Die Optionen, die ich empfehle, erreichen typischerweise bei einer Kursbewegung von 10% bis 20% im zugrunde liegenden Aktienwert eine 100%-Steigerung ihres Kurses. Genau an dieser Stelle realisiert meine

100%-Ziel-Verkauf-Strategie

automatisch den 100%-Gewinn.

Und so einfach geht es:

Sobald Ihr Kauf von Calls oder Puts für das Basis-Depot vollständig abgeschlossen und abgewickelt ist, platzieren Sie eine unbefristet gültige Verkaufsorder an der Börse, die bei Verdopplung Ihres persönlichen Kaufpreises der Option automatisch die Gewinn-Realisierung auslöst. Einmal erreichte Buchgewinne von 100% werden damit automatisch realisiert und können Ihnen nicht mehr genommen werden.

In der Praxis gehen Sie folgendermaßen vor: Sie kaufen beispielsweise eine Option für 3 €. Geben Sie sofort nach dem abgeschlossenen und ausgeführten Kauf eine unbefristete Verkaufsorder an die Börse. Das Verkaufslimit ist Ihr doppelter Kaufpreis. Das sind in diesem Beispiel 6 € (2 x Kaufpreis von 3 € = 6 €). Wird diese Option dann in einigen Tagen oder Wochen zu 6 € gehandelt, wird Ihre Option automatisch verkauft. Ihr Gewinn pro Option beträgt 3 €. Das sind genau +100% des Kaufpreises. **Diese Vorgehensweise gilt sowohl für Calls als auch für Puts.** Das heißt: Auch bei Puts nehmen Sie den doppelten Kaufpreis als Limit für Ihre Verkauforder.

Zur Vorgehensweise bei einer Put-Option:

Lösen Sie sich dazu von den Begriffen „Call" und „Put". Nehmen Sie einfach nur den Oberbegriff „Option". Denn Calls und Puts sind Optionen.

Sie kaufen eine Option für beispielsweise 7 €. Später verkaufen Sie diese für 14 €. Wie die Option heißt (Call oder Put), spielt keine Rolle.

Nehmen wir an, die Option heißt Call. Sie kaufen den Call für 7 €. Später verkaufen Sie den Call für 14 €. +100% Gewinn sind realisiert.

Jetzt nehmen wir an, die Option heißt Put. Sie kaufen den Put für 7 €. Später verkaufen Sie den Put für 14 €. +100% Gewinn sind realisiert.

Und jetzt kommt der Hintergrund für diese Geschäfte: Beim Call ist das ganz einfach. Sie kaufen einen Call auf eine Aktie. Wenn die Aktie im Kurs steigt, steigt der Call – dank der Hebelwirkung von Optionen – deutlich schneller.

Beim Put ist es etwas „verwirrender": Denn der Basiswert (z. B. eine Aktie) muss im Kurs fallen, damit der Kurs des Puts steigt. Der Grund: Ein Put beinhaltet das Recht, den Basiswert (Aktie) zum Basispreis des Puts zu VERkaufen. Wenn die Aktie fällt, wird der Put also mehr wert.

Das Ergebnis: Sie verkaufen den Put für einen teureren Preis als Sie beim Kauf gezahlt haben (siehe auch Seite 20).

Für Ihre Order bedeutet das: Wenn Sie einen Put z. B. für 7 € gekauft haben, geben Sie einfach eine Verkaufsorder für 14 € an die Börse. Genau wie beim Call. Dass beim Put der Basiswert des Puts im Kurs fallen muss, damit der Kurs der Put-Option steigt, spielt für die Umsetzung der 100%-Ziel-Verkauf-Strategie keine Rolle.

Alle laufenden Trades werden täglich neu analysiert. Bei einigen Kursbewegungen setzen wir die Kursziele gelegentlich weiter nach oben. Das bedeutet, dass sich der Basiswert der von uns gehandelten Option noch besser im Trend entwickelt, als anfangs von uns erwartet. Dann erhalten Sie von mir sofort eine Nachricht per Optionen-Profi-Eil-Dienst mit dem höheren Kursziel. Ich begründe Ihnen ausführlich, warum ich bei diesem konkreten Trade meine Meinung ändere und noch höhere Gewinne erwarte.

Bei diesen Optionen erzielen wir dann auch Gewinne von mehr als 100%.

Trades, deren Erwartungen so nach oben angepasst werden, werden von mir dann anschließend ganz besonders beobachtet. Auf dem Weg zu dem Gewinn von mehr als 100% darf nicht verloren gehen, was zum Zeitpunkt der Festlegung des neuen Kurszieles schon zu realisieren wäre.

Das Chancen-Depot: Gewinne von +20% bis zu mehreren 100%

Für das Chancen-Depot des Optionen-Profi empfehle ich **schnelle und kurzfristige Trades im Auf und Ab der Märkte.** Um immer wieder schnelle und hohe Gewinne zu erzielen, optimiert der Optionen-Profi seine Strategie für diese spezielle Trading-Art. **Schnelle Gewinne mit Trades auf Indizes und Einzelwerte werden oft innerhalb weniger Tage realisiert.**

Diese Vorgehensweise unterscheidet sich erheblich von den Investitionen, die für mehrere Monate bis hin zu einem Jahr geplant sind. Sollen die Gewinne eines Optionen-Trades beispielsweise in einem Zeitraum von rund 10 Tagen realisiert werden, kommt einer umfangreichen fundamentalen Analyse keine so hohe Bedeutung zu wie bei einer mittel- oder langfristigen Investition.

Die Auswahl der Optionen, die den optimalen Gewinn ermöglichen, hängt erheblich vom geplanten Zeitraum eines Trades ab. So ist es durchaus möglich, dass sich eine Option für eine mittelfristige Investition nicht eignet, obwohl sie ideal für einen kurzfristigen Gewinn-Trade ist. Umgekehrt wird die Auswahlmethode der Optionen für langfristige Trades nicht einfach übertragen auf die schnellen Gewinn-Trades des Optionen-Profi. Aus dieser Vorgehensweise habe ich die Strategie für die kurzfristigen Geldanlagen mit dem Optionen-Profi entwickelt und optimiert.

Für dieses kurzfristige Traden ...

> ... suche ich die **passenden Optionen** für schnelle Gewinne aus.

> ... **analysiere ich den Chart** eines Basiswertes (Index, Aktie, Rohstoff oder Währung) auf kurzfristig zu erwartende Veränderungen. Nicht lange Trends, sondern die Kursbewegungen an kurzfristigen Unterstützungen und Widerständen im Auf und Ab der Charts geben mir optimale Kauf- und Verkaufssignale für meine Empfehlungen.

> ... **gewichte ich die fundamentale Analyse** nicht so stark wie bei mittel- oder langfristigen Empfehlungen.

> ... **konzentriert sich meine Auswertung der umfangreichen Datenbanken auf bedeutende Veränderungen der letzten 6 bis 12 Wochen.**

Gedeckte Stillhalter-Geschäfte:
Optimierung von vorhandenen offenen Positionen

Wo ein Käufer einer Option ist, muss auch ein Verkäufer sein. Der Verkäufer einer Option zur Eröffnung eines Trades (das ist bei Optionen möglich) wird beim Optionen-Handel „Stillhalter" genannt. Stillhalter-Geschäfte empfehle ich im Optionen-Profi nur in besonderen Ausnahmefällen. Und wenn, dann empfehle ich ausschließlich Stillhalter-Geschäfte mit einer Risiko-Begrenzung.

Wenn ich diese Gewinn-Strategie anwende, erkläre ich sie Ihnen so klar, dass Sie diese ganz einfach nachvollziehen können.

Das „Money-Management"

Optionen ermöglichen unbegrenzt hohe Gewinne. Der Handel mit Optionen birgt aber auch Risiken. Das Risiko strikt zu begrenzen, ist daher Grundlage aller Kauf- und Verkaufsentscheidungen des Optionen-Profi.

Die folgende einfache Grafik **„Die Verlust-Gewinn-Bilanz"** verdeutlicht die unabdingbare Bedeutung von angewandtem Money-Management

Die Verlust-Gewinn-Bilanz		
	- 10 %	+ 11 %
	- 20 %	+ 25 %
	- 30 %	+ 43 %
	- 40 %	+ 67 %
	- 50 %	+ 100 %
Verlust des	- 55 %	+ 122 %
ursprünglichen	- 60 %	+ 150 %
Kapitals in Prozent	- 65 %	+ 186 %
	- 70 %	+ 233 %
	- 75 %	+ 300 %
	- 80 %	+ 400 %
	- 85 %	+ 567 %
	- 90 %	+ 900 %

Rechte Spalte Überschrift: **Prozentual notwendiger Gewinn zum Ausgleich der Bilanz**

In der Grafik „Die Verlust-Gewinn-Bilanz" oben sehen Sie links einen möglichen Wertverlust in Prozent eines Depots. Rechts haben wir gegenübergestellt, um wieviel Prozent (gerundet) das Depot gesteigert werden muss, um wieder auf 100%, also den Ursprungswert, zu gelangen.

Sie sehen, dass ein Depot von minus 30% schon 43% zulegen muss, nur um wieder Ausgangsgröße zu erreichen. Bei einem Minus von 50% muss verbliebenes Kapital schon verdoppelt werden, um „zurück auf Start" zu gelangen.

Risikobewusster Umgang mit Geld (Money-Management) ist daher das A und O jeder Kapitalanlage.

Das berücksichtige ich bei den Empfehlungen im Optionen-Profi.

Risiko-Begrenzung und Gewinn-Maximierung

1. **Unabhängig von Manipulationen**
   Eine wichtige Gewinn-Voraussetzung für alle Ihre Geldgeschäfte ist, Ihre Investitionen **von möglichen Manipulationen anderer Marktteilnehmer unabhängig zu machen.** Der Optionen-Handel erfüllt diese Voraussetzungen ideal. Im Gegensatz zu Optionsscheinen, Zertifikaten und K.o.-Scheinen **werden Optionen nicht von Banken emittiert.** Dadurch können diese von Banken nicht in ihren Kursen manipuliert werden. Besonders vorteilhaft ist, dass Optionen nie einen Totalverlust erleiden können, nur weil sie durch Kursmanipulationen der Banken kurzfristig unter oder über eine willkürlich festgelegte K.o.-Schwelle gelenkt und damit innerhalb von einer Sekunde wertlos werden.

2. **Vermeiden Sie „Gier"-Investments**
   Mit Optionen sind hohe Gewinne möglich, aber achten Sie darauf, **immer nur einen begrenzten Betrag** in eine einzelne Empfehlung des Optionen-Profi **zu investieren.** Unvorhersehbare kursbewegende Ereignisse sind nie auszuschließen. Solche Ereignisse dürfen nicht dazu führen, dass durch „Gier"-Investments Ihr Depot einem zu hohen Risiko ausgesetzt ist.

3. Sichere und gewinnoptimierte Depots

Die Depots des Optionen-Profi stelle ich für Sie immer so auf, dass Sie **maximale Gewinnchancen** haben. Wenn Sie die Depots (Basis- und Chancen-Depot) des Optionen-Profi 1 : 1 nachbilden, sind Sie genauso **abgesichert** wie die Musterdepots und Sie haben dieselben hohen Gewinn-Chancen.

4. Niedriger Einstiegspreis

Mit Kaufpreisen der Optionen von circa 100 € bis 1.000 € pro Kontrakt liegen diese in einem erschwinglichen Bereich. **Dadurch sind Sie nie mit einem zu hohen Betrag in einer einzelnen Position investiert.**

5. Keine Stop-Loss-Orders

Die Hebelkraft der Optionen ermöglicht Gewinne in unbegrenzter Höhe. Sie führt aber auch zu starken Schwankungen der Optionen-Preise. Ich gebe daher keine Stop-Loss-Orders an die Börsen. **Es besteht sonst das Risiko, dass eine Option durch eine kurzfristige Kursschwankung unglücklich ausgestoppt wird.** Ein möglicher hoher Gewinn, wenige Tage später, kann durch einen unglücklich ausgelösten Stop-Loss verhindert werden.

6. Laufende Marktbeobachtung

Die tägliche Beobachtung unserer Optionen durch den Optionen-Profi reduziert Ihre Marktrisiken. Entwickelt sich eine Option entgegen meiner Erwartung, sende ich Ihnen eine entsprechende Verkaufs-Empfehlung.

7. Keine Nachschusspflicht

Im typischen Geschäft des Optionen-Profi kaufen Sie Optionen und stellen diese wieder glatt (Verkauf gekaufter Optionen). Diese Geschäfte begrenzen Ihr Risiko IMMER auf Ihr investiertes Kapital. **Bei dieser Art der Options-Geschäfte ist eine Nachschusspflicht ausgeschlossen.**

8. **Flexibler Investitions-Einsatz**

Viele Anleger neigen dazu, ihren Einsatz für den nächsten Trade zu erhöhen, wenn sie einen Verlust verbuchen mussten. Auf diese Weise wollen sie den Verlust schnell ausgleichen und das Depot wieder in den Gewinn führen. Diese Vorgehensweise führt dazu, dass sie für den nächsten Trade prozentual erheblich mehr einsetzen, als sie für den soeben beendeten ausgegeben haben.

Ein kleines Zahlenbeispiel verdeutlicht das: Wurden für einen Trade 2.000 € von gesamt 10.000 € ausgegeben, betrug die Investition 20%. Wurde dieser Trade mit 50% Verlust geschlossen, hat der Anleger noch 9.000 € Kassenbestand. Investiert er einen höheren Betrag in den nächsten Trade, beispielsweise 3.000 €, so investiert er 33% seines Depots in diese Anlage.

Das Risiko wird bei geringerem Kapital deutlich erhöht. Ich empfehle es deswegen genau umgekehrt: Erhöhen Sie den Einsatz für den nächsten Trade nur nach erzielten Gewinnen. Reduzieren Sie den Einsatz für den nächsten Trade nach einem Verlust-Trade.

9. **Halten Sie immer Calls und Puts im Depot**

Wenn Sie Calls und Puts im Depot halten, gewinnen Sie, wenn die Märkte deutlich steigen, und auch, wenn sie deutlich fallen. Im Jahr 2023 (Stand: März 2023) empfehle ich Ihnen ein Verhältnis von 7 : 1 Calls zu Puts. (Dieses Verhältnis kann sich je nach Marktlage ändern.)

Das heißt: Für je 7.000 €, die Sie in Calls investieren, sollten (ja, müssen) Sie rund 1.000 € in Puts anlegen. Das heißt: Sie kaufen die empfohlenen Calls und sichern diese mit dem Kauf der Puts, die ich auch empfehle, ab.

Wenn Sie merken, dass Sie zu viele Calls oder Puts im Depot haben, müssen Sie dies nicht sofort anpassen. Berücksichtigen Sie es bei der nächsten

Investition. Kaufen Sie dann mehr Calls oder mehr Puts, bis das von mir aktuell empfohlene Verhältnis Calls zu Puts wiederhergestellt ist. Das Verhältnis kann natürlich schwanken, so wie die Märkte auch schwanken Somit kann das Verhältnis auch bei 3 : 1, 1 : 3 oder 4 : 1 liegen. Ganz wichtig: Im Optionen-Profi halte ich Sie immer auf dem Laufenden, sodass Sie in der Lage sind, die Strategie entsprechend umzusetzen.

Diese Vorgehensweise des Optionen-Profi begrenzt Ihr Risiko und steigert Ihre Gewinne. So werden Sie mit kurz-, mittel- und langfristigen Trades dauerhaft erfolgreich sein. Wenn Sie Ihr Depot nach diesen Regeln aufbauen und die Depots des Optionen-Profi 1 : 1 nachbilden, ist Ihre Investition sicherer als ein reines Aktien-Depot* und hat optimale Voraussetzungen für hohe Gewinne.

---

* Mit einem Aktien-Depot sind Sie auf steigende Kurse angewiesen. Fallen die Kurse, verliert Ihr Depot. Mit Put-Optionen können Sie jedoch auch gewinnen, wenn die Märkte fallen.

IV   Der Optionen-Trade im Optionen-Profi

1. Basis-Depot
2. Chancen-Depot

Der Optionen-Profi gibt klare und eindeutige Empfehlungen. Sie erfahren bei jeder Empfehlung, ob Sie direkt in den USA oder in Deutschland an der Eurex handeln. Mit meinen Angaben und den Kauflimits haben Sie alle Informationen, die Sie für Ihre Order benötigen. Sie können alle Empfehlungen schnell und einfach nachvollziehen.

Für die Empfehlungen des Optionen-Profi scanne ich die Märkte unaufhörlich nach gewinnträchtigen Chancen. Ich beobachte den DAX, den Euro-Stoxx50, den Dow Jones, den S&P500 und den Nasdaq 100 sowie Einzelwerte dieser Indizes. Darüber hinaus beobachte ich Edelmetalle und Rohstoffe (z. B. Gold, Silber, Öl) und die Währungen.

Wenn wir eine Option finden, die Aussicht auf den 100%-Ziel-Gewinn hat, empfehle ich Ihnen diese im Basis-Depot. Finde ich bei meinen Recherchen eine Option, die einen schnellen Gewinn von +20% oder spekulativen Gewinn von mehreren +100% verspricht, empfehle ich Ihnen diese in unserem Chancen-Depot.

Durch die Verteilung meiner Empfehlungen auf die beiden Depots wissen Sie sofort, ob die Haltedauer für wenige Tage bis Wochen oder für einige Monate bis hin zu einem Jahr geplant ist.

1. So setzen Sie die Empfehlungen des Basis-Depots um

Jeden Monat erhalten Sie die Print-Ausgabe des Optionen-Profi mit neuen Empfehlungen für das Basis-Depot und der 100%-Ziel-Verkauf-Strategie.

Zu jeder Empfehlung erhalten Sie alle wichtigen Daten auf einen Blick

So sind unsere Empfehlungen für das Basis-Depot aufgebaut

„Call" ist die Optionsausrichtung, sie steht für die Erwartung steigender Kurse der Aktie (bei Erwartung von fallenden Kursen einer Aktie empfehlen wir hier einen „Put")

Eindeutige Bestimmung der Option

Ausgangskurs für die 100%-Ziel-Verkauf Kalkulation (siehe Tabelle Seite 43)

Der Termin, an dem wir die Position spätestens schließen werden.

Spätester Termin, zu dem wir den Kauf zu den genannten Konditionen empfehlen

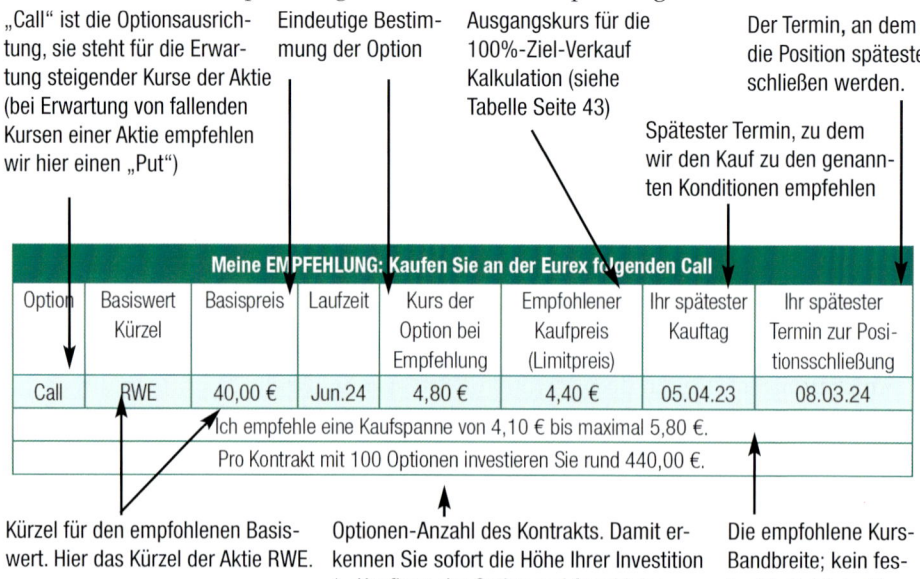

Option	Basiswert Kürzel	Basispreis	Laufzeit	Kurs der Option bei Empfehlung	Empfohlener Kaufpreis (Limitpreis)	Ihr spätester Kauftag	Ihr spätester Termin zur Positionsschließung
Call	RWE	40,00 €	Jun.24	4,80 €	4,40 €	05.04.23	08.03.24
	Ich empfehle eine Kaufspanne von 4,10 € bis maximal 5,80 €.						
	Pro Kontrakt mit 100 Optionen investieren Sie rund 440,00 €.						

Meine EMPFEHLUNG: Kaufen Sie an der Eurex folgenden Call

Kürzel für den empfohlenen Basiswert. Hier das Kürzel der Aktie RWE.

Optionen-Anzahl des Kontrakts. Damit erkennen Sie sofort die Höhe Ihrer Investition (= Kaufkurs der Option mal Anzahl der Optionen im Kontrakt). **Optionen werden in ganzen Kontrakten gehandelt, eine Stückelung ist nicht möglich.**

Die empfohlene Kurs-Bandbreite; kein festes Limit. Ist der Kurs zu hoch, ist die Option zu teuer. Ist der Kurs zu niedrig, hat sich die Analyse verändert.

Meine wichtigen Gewinn-Hinweise:

Lassen Sie das empfohlene Kauflimit zunächst im Markt liegen, auch wenn der aktuelle Kurs höher liegen sollte. Ein kurzer Rücksetzer genügt, und Sie können günstig einsteigen.

Bitte beachten Sie unbedingt: **Kaufen Sie auf keinen Fall teurer als zum oberen empfohlenen Limit, in diesem Beispiel also nicht teurer als bis zu 5,80 €. So sparen Sie immer bares Geld und erhöhen Ihren Gewinn!**

Realisieren Sie Gewinne im Basis-Depot

Im Basis-Depot nutzen wir unsere 100%-Ziel-Verkauf-Strategie. Die ist ganz einfach: Geben Sie immer sofort nach dem Kauf einer Option für das Basis-Depot eine unbefristete Verkaufsorder zur Glattstellung dieser Option an die Börse. Nehmen Sie als Verkaufslimit den doppelten Kaufpreis der Option.

Das gilt gleichermaßen für Calls und Puts. Auf diese Weise erzielen Sie +100% Gewinn, auch wenn der Kurs nur ein einziges Mal Ihren Verkaufskurs kurz erreicht beziehungsweise um einen Cent überschritten hat.

Wichtig: Bitte geben Sie für jeden Kauf für das Basis-Depot wirklich diese Verkaufsorder unbefristet in den Markt. Nur dann können Sie auch dann den 100%-Ziel-Gewinn realisieren, wenn der entsprechende Verkaufskurs nur kurzzeitig und einmalig erreicht bzw. übertroffen wird. Wie Sie dies konkret umsetzen, habe ich Ihnen auf den Seiten 30 ff. im Abschnitt „Die 100%-Ziel-Verkauf-Strategie" dargestellt.

Bei welcher Kursbewegung des Basiswertes die von uns empfohlene Option den 100%-Ziel-Gewinn voraussichtlich erreicht, stellen wir Ihnen übersichtlich in unserer Kalkulation des 100%-Ziel-Gewinns dar.

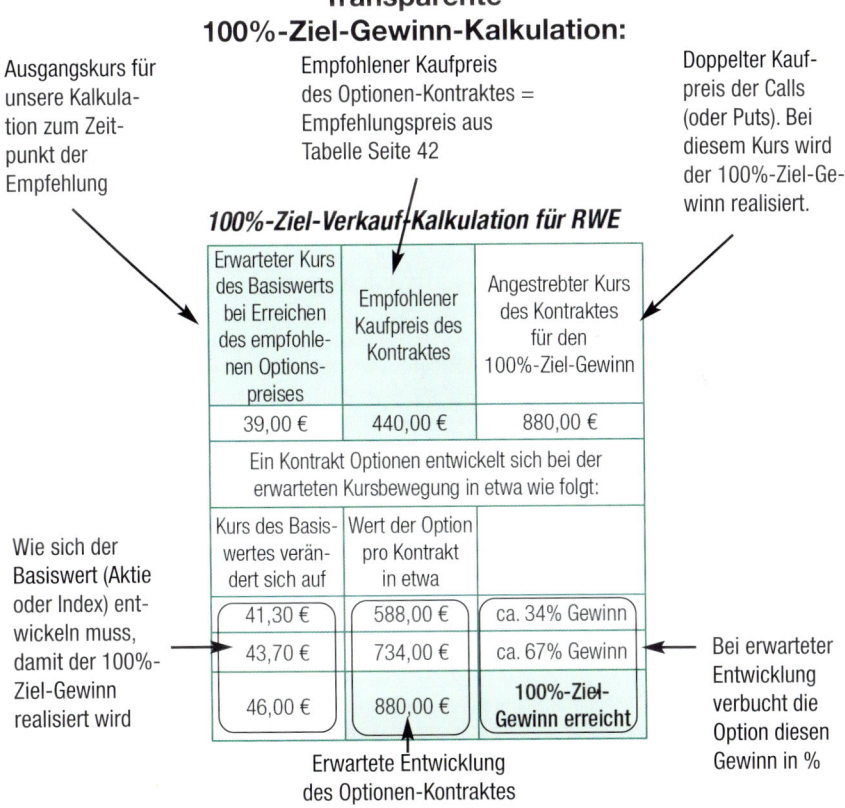

Transparente 100%-Ziel-Gewinn-Kalkulation:

Ausgangskurs für unsere Kalkulation zum Zeitpunkt der Empfehlung

Empfohlener Kaufpreis des Optionen-Kontraktes = Empfehlungspreis aus Tabelle Seite 42

Doppelter Kaufpreis der Calls (oder Puts). Bei diesem Kurs wird der 100%-Ziel-Gewinn realisiert.

100%-Ziel-Verkauf-Kalkulation für RWE

Erwarteter Kurs des Basiswerts bei Erreichen des empfohlenen Optionspreises	Empfohlener Kaufpreis des Kontraktes	Angestrebter Kurs des Kontraktes für den 100%-Ziel-Gewinn
39,00 €	440,00 €	880,00 €

Ein Kontrakt Optionen entwickelt sich bei der erwarteten Kursbewegung in etwa wie folgt:

Kurs des Basiswertes verändert sich auf	Wert der Option pro Kontrakt in etwa	
41,30 €	588,00 €	ca. 34% Gewinn
43,70 €	734,00 €	ca. 67% Gewinn
46,00 €	880,00 €	**100%-Ziel-Gewinn erreicht**

Wie sich der Basiswert (Aktie oder Index) entwickeln muss, damit der 100%-Ziel-Gewinn realisiert wird

Erwartete Entwicklung des Optionen-Kontraktes

Bei erwarteter Entwicklung verbucht die Option diesen Gewinn in %

Nachdem der 100%-Ziel-Gewinn ausgelöst wurde, sende ich Ihnen zusätzlich eine entsprechende Nachricht zur Information als Eil-Mitteilung und kommentiere dies im nächsten Wochenbericht des Optionen-Profi.

2. So setzen Sie die Empfehlungen des Chancen-Depots um

Schnelles, aber gleichzeitig bedachtes Trading ist das Ziel meiner Empfehlungen für das Chancen-Depot. Trotz der Schnelllebigkeit am Markt haben Sie aber immer genügend Zeit, alle Kauf- und Verkaufs-Empfehlungen für das Chancen-Depot nachzuvollziehen. Sie werden von mir keine Eil-Meldung erhalten, die Ihnen nur wenige Stunden Zeit für einen Kauf oder Verkauf lässt. Normalerweise haben Sie einige Tage Zeit für die Umsetzung der Käufe und Verkäufe.

Sobald ich bei meinen Recherchen eine gewinnversprechende Chance für einen Optionen-Trade entdecke, schicke ich Ihnen meinen „Optionen-Profi-Eil-Dienst".

Zu jeder Empfehlung erhalten Sie alle wichtigen Daten auf einen Blick
So sind meine Empfehlungen für das **Chancen-Depot** aufgebaut

Meine Empfehlung: Call US-Terminbörse auf Bunge Ltd (BG)		
Option	Call	Call: Sie setzen auf steigende Kurse
Basiswert	Bunge Ltd	Der Wert (Unternehmen, Index, Rohstoff …), auf den der Trade läuft
Kürzel	BG	Kürzel für den Basiswert
Laufzeit	19. Januar 2024	Laufzeit der Option
Basispreis	125 USD	Basispreis der Option
Empf. Kaufpreis (Limitpreis)	4,30 USD	Das Kauflimit, damit Sie nie zu viel bezahlen
Kontraktanzahl	–	Diese legen Sie selbst fest, nach Ihrer Investitionsgröße (siehe unten)
Empf. Kaufspanne	4,30 USD–5,50 USD	hier 4,30 USD oder günstiger, max. 5,50 USD
Spätester Kauftag	23.12.2022	Bis zu diesem Termin sollten Sie kaufen
Börse	US-Terminbörse	Hier: US-Terminbörsen (oder EUREX für europäische Optionen)

In einer kleinen Tabelle (siehe vorherige Seite) haben Sie alle Angaben zum empfohlenen Optionen-Trade. Optionen haben keine WKN oder ISIN. Mit den Daten in dieser Tabelle können Sie die Option eindeutig bestimmen und über Ihren Broker ordern.

Fester Kaufpreis:

Bei kurzfristigen Trades mit auch „kleineren" Gewinnen ist es besonders wichtig, dass Sie nicht zu viel bezahlen. Deshalb nenne ich Ihnen einen festen Kaufpreis und keine Preisspanne, innerhalb derer Sie kaufen können. **Zahlen Sie nicht mehr als den von mir genannten Kaufpreis.**

Sie haben Zeit:

Diese kurzfristigen Trades geben Ihnen trotzdem immer einige Tage Zeit für Ihren Kauf und ebenso für Ihren Verkauf. Ein hektisches Hin und Her gibt es nicht.

SMS mit wichtigen Informationen für Ihre Kauforder:

Gleichzeitig sende ich Ihnen (auf Wunsch) eine SMS, die Sie informiert, dass Sie eine neue Eilmitteilung des Optionen-Profi erhalten haben. Für den hier vorgestellten Trade sieht diese SMS folgendermaßen aus:

> Optionen-Profi-Eil-Dienst:
> Kauf Calls auf Bunge Ltd (BG)
> Gewinnziel: +50% und auch mehr
> +++ Details in E-Mail

Zeitgleich mit dem Versand der E-Mail wird die Eilmitteilung auch in die App für Ihr Smartphone eingestellt (mehr dazu auf Seite 64 und 65 in diesem Handbuch). Durch die Benachrichtigung mit der SMS ist sichergestellt, dass Sie keine Gewinn-Chance verpassen.

> Analyse und Begründung eines Trades

Die Begründung und Analyse zum empfohlenen Trade informieren Sie, warum Sie gerade jetzt und genau in diese Empfehlung investieren sollten

Meine Trade-Idee: Einstieg nach dem Rücksetzer

Bunge ist einer der weltgrößten Verarbeiter von Öl- und Getreidesaaten. Das Unternehmen stellt beispielsweise verzehrbare Pflanzenöle und Biodiesel sowie Düngemittel her. Zudem ist Bunge ein wichtiger Sojaexporteur. In Deutschland ist Bunge mit einem Werk in Mannheim vertreten.

Die Aktie von BG ist nach dem jüngsten Kursrückgang wieder günstig bewertet. Die nächste charttechnische Unterstützung liegt bei etwa 90–92 $. Der nächste Widerstand folgt um 105–110 $. Fundamentale Kursziele liegen zwischen 115 $ (J.P. Morgan) und 144 $ (BMO Capital). Im Fall des erwarteten Rücksetzers in Richtung der 1. Unterstützung steigen wir mit den Calls zum empfohlenen Preis ein. Beachten Sie dazu auch meine Kauf-Strategie.

Sie erhalten zu jeder Empfehlung eine Analyse und Begründung. Dadurch ist für Sie eindeutig nachvollziehbar, warum ich gerade jetzt diesen Trade empfehle.

Jede offene Position im Depot des Optionen-Profi wird bis zur Glattstellung betreut. Sie bekommen ganz konkrete Angaben, bis wann, ob und mit welchem Limit Sie eine offene Position schließen sollten.

Strategischer Umgang mit dem Basis- und Chancen-Depot

Mit den Empfehlungen im Optionen-Profi nutzen wir kurz-, mittel- und langfristige Gewinn-Chancen mit Call- und Put- Optionen. Die angestrebten Gewinne liegen bei +20%, +100% und auch darüber. Um diese Ziele zu erreichen, verfolge ich 2 Strategien. Die jeweiligen Empfehlungen führe ich entsprechend in 2 Muster-Depots, dem Basis-Depot und dem Chancen-Depot.

Hier nochmals die Definition für kurz-, mittel- und langfristig:

Kurzfristige Trades:
Das Gewinnziel soll innerhalb weniger Tage bis 4 Wochen erreicht werden.

Mittelfristige Trades:
Das Gewinnziel soll innerhalb von 1 bis 6 Monaten erreicht werden.

Langfristige Trades:
Das Gewinnziel soll innerhalb von 6 bis 12 Monaten erreicht werden.

Die Übergänge dieser Definitionen sind fließend.

Basis-Depot für mittel- und langfristige Gewinne

Die mittel- und langfristig geplanten Trades führe ich im Basis-Depot. Nur Optionen, die eine realistische Aussicht auf den 100%-Ziel-Gewinn haben, führen zu Empfehlungen für das Basis-Depot. Auch wenn die Haltedauer mittel- bis langfristig ausgerichtet ist, kann es zu schnellen Gewinn-Realisierungen kommen. Für das Basis-Depot empfehle ich in unserer monatlichen Print-Ausgabe neue Optionen und begleiten diese bis zur Schließung. Eine feste obere Grenze der Anzahl der Empfehlungen gibt es nicht. Ich empfehle hier eine gleich hohe Investition in jeden Trade.

Aus Rückmeldungen von Ihnen, den Lesern, weiß ich, dass Sie mit diesen Empfehlungen unterschiedlich umgehen: Einige kaufen alle Empfehlungen, andere nur die Empfehlungen an der Eurex, wieder andere investieren nur in die US-Empfehlungen. Und viele Leser „picken" sich einfach die Optionen heraus, bei denen sie die größten Gewinn-Chancen sehen.

Chancen-Depot für kurzfristige Gewinne

Empfehlungen für kurzfristige Trades sende ich Ihnen im Laufe der Woche, sobald sich eine Gewinn-Chance zeigt. Die kurzfristigen Trades führe ich im Chancen-Depot. Hier sind schnelle Gewinne von +20% ebenso das Ziel wie spekulative Trades mit Gewinn-Chancen, die deutlich über +100% hinausgehen. Bei meinen Empfehlungen für das Chancen-Depot nenne ich Ihnen immer den prozentualen Anteil des für das Chancen-Depots bereitgestellten Geldes, den Sie in diesen Trade investieren sollten. Dieser Anteil liegt in der Regel zwischen 4 und 10%.

Daraus ergibt sich, dass wir eine maximale Anzahl von 15 Optionen im Depot halten. Nach Ihren Rückmeldungen zeigt sich, dass die meisten Leser in alle Empfehlungen des Chancen-Depots einsteigen.

„Turbo-Trading mit Zweitkauf-Strategie"

Um unsere Trades systematisch professionell und effizient umzusetzen, werde ich Ihnen jeweils meine Strategie „Turbo-Trading mit Zweitkauf" empfehlen.

Das sind Ihre Vorteile:

➤ Sie kaufen Rücksetzer systematisch und konsequent und profitieren dabei von der „Tageshysterie der Märkte".

➤ Wir betreiben professionelles „Bottom-Fishing", sammeln also unsere Optionen zu Schnäppchenpreisen ein.

➤ Wir nutzen systematisch den Cost-Average-Effekt und erzielen so einen günstigeren „Mischkurs" als Einstandspreis.

Dadurch nutzen wir die zeitweise extremen Schwankungen von Optionen immer optimal zu unserem Vorteil

Meine Strategie des „Turbo-Trading-Zweitkaufs" ist effektiv und funktioniert ganz einfach - für noch schnellere Gewinne

Wir machen uns mit dieser Strategie die zeitweise extremen Schwankungen von Optionen zunutze.

Ich empfehle Ihnen dazu typischerweise **zwei Kaufpreise.** Zunächst einen Preis, mit dem Sie sofort in die Position einsteigen können. Steigt der zugrunde liegende Basiswert wie erwartet an, sind Sie sofort mit von der Partie. Setzt der Basiswert dagegen zunächst kurz zurück, greift meine Zweitkauf-Strategie: Ich empfehle Ihnen dann ein auf Basis meines 3-Schritte-Analysemodells kalkuliertes Abstauberlimit zur Schnäppchenjagd. So erzielen Sie insgesamt einen günstigeren Mischkurs und erreichen schneller Ihr Gewinn-Ziel.

Sie investieren dabei für jedes Kauflimit nur jeweils die Hälfte des für diesen Trade zur Verfügung stehenden Kapitals. Insgesamt investieren Sie also nicht mehr, als Sie es sowieso geplant haben. Für den Zweitkauf sende ich Ihnen dann gegebenenfalls eine Kaufempfehlung per E-Mail.

1. „Turbo"-Kauf

Kaufen Sie also zunächst den ersten Kontrakt zu dem von mir empfohlenen Preis oder innerhalb der empfohlenen Kaufspanne. Aber eben nur mit der ersten Hälfte des zur Verfügung stehenden Kapitals. Sind Sie zum Zuge gekommen, hat unsere erste „Turbo"-Stufe bereits gezündet: Die enorme Hebelkraft unserer Optionen katapultiert uns in Richtung des Gewinn-Ziels.

Jetzt kommt es aber auch vor, dass die der Option zu Grunde liegende Aktie zunächst nachgibt – aus welchem Grund auch immer. Durch den hohen Hebel wird dann die empfohlene Option schnell deutlich billiger. Eventuell auch nur für einige Stunden oder wenige Tage. Doch das reicht aus. Jetzt kommt unsere Zweitkauf-Strategie so richtig in Fahrt.

2. Zweitkauf mit Abstauberlimit

Wir setzen konsequent unsere Abstauber-Strategie um. Dazu empfehle ich Ihnen ein Schnäppchen-Limit in einer weiteren E-Mail. Kommen Sie jetzt ein zweites Mal zum Zuge, investieren Sie damit die zweite Hälfte des zur Verfügung stehenden Kapitals. Unser Trade wird nochmals beschleunigt.

> Wir erzielen jetzt natürlich im Mittel einen günstigeren Kaufkurs und nutzen so den Cost-Average-Effekt. Im Einkauf liegt der Gewinn!

> Durch diese konsequent ausgeführte Kaufstrategie erreichen wir zudem auch noch schneller die Gewinnzone.

Ich bin mir ganz sicher und weiß aus Erfahrung: Durch die Kraft der hohen Turbo-Hebel im Zusammenspiel mit konsequent geplanten Abstauber-Limits werden wir mit dieser Strategie noch schnellere und höhere Gewinne einfahren.

Doch was passiert, wenn die Aktie nicht korrigiert und unsere Option dadurch sofort in den Gewinn läuft? Dann wird unser Abstauber-Schnäppchenpreis vermutlich nicht erreicht, und die zweite Turbo-Stufe zündet nicht. Nicht zu ändern, aber was soll's. Denn wir sind ja mit der ersten Stufe bereits investiert, und fliegen eben „nur" mit einfacher Schallgeschwindigkeit in die Gewinnzone!

Die zweite Hälfte des Kapitals, die Sie jetzt noch übrig haben, behalten Sie einfach in der Hinterhand. Denn schon in wenigen Tagen erhalten Sie wieder meinen Optionen-Profi-Eil-Dienst. Mit einer neuen Empfehlung für weitere Turbo-Gewinne.

So einfach setzen Sie meine „Turbo-Trading-Strategie für noch schnellere Gewinne" um

Die Umsetzung meiner Strategie „Turbo-Trading mit Zweitkauf" ist wirklich ganz einfach. Alles was Sie dazu tun müssen, ist, die nacheinander von mir empfohlenen Kauf-Limits in die Ordermaske einzugeben. Das ist wirklich auch schon alles. Denn jetzt werden Ihre Kaufaufträge genau dann ausgeführt, wenn unsere gewünschten Kurse auch erreicht werden. Sie brauchen sich um nichts mehr zu kümmern.

Unsere Ausstiegsstrategie
Ich werde Ihnen meistens den Ausstieg aus der Gesamtposition empfehlen. Je nach Marktsituation empfiehlt es sich aber, auch nur Teilverkäufe vorzunehmen. Dadurch kassieren wir in kritischen Situationen zunächst schnelle Gewinne. Wir bleiben aber mit einer Hälfte der Position im Markt, um auch noch von einem möglichen weiteren Anstieg zu profitieren. So sind wir immer bestens aufgestellt. In meinem Eil-Dienst werde ich Ihnen dazu immer ganz konkrete Empfehlungen geben.

Ich weiß, was Sie jetzt denken: „Warum soll ich den ersten Trade zu einem höheren Kurs überhaupt eingehen, ich warte doch lieber gleich auf das zweite Turbo-Schnäppchen". Das könnten Sie zwar tun, was aber, wenn das Abstauber-Limit gar nicht erreicht wird? Dann müssen Sie tatenlos zuschauen, wie wir mit der ersten Turbo-Stufe gehebelt in die Gewinnzone rasen.

Daher hier nochmal meine dringende Empfehlung: Befolgen Sie bitte meine Strategie „Turbo-Trading mit Zweitkauf" genau! Nur so profitieren Sie optimal von meinen Empfehlungen".

Ich verspreche Ihnen:

> Ich werde Sie bei Ihren Trades immer vom Kauf bis zum Verkauf begleiten.

> Sie erhalten sofort meine Optionen-Profi-Eil-Meldung, wenn das erste Turbo-Kauflimit erreicht wird. So verpassen Sie keinen Trade, auch wenn Sie kein Limit in die Ordermaske eingegeben haben.

> Sie erhalten sofort eine weitere Eil-Meldung von mir, wenn das zweite Kauflimit erreicht wird. So verpassen Sie auch den zweiten Trade nicht.

> Sie erhalten sofort meinen Eil-Dienst, wenn ich den Verkauf oder Teilverkauf der Position empfehle.

Individuelle Ausrichtung Ihres Depots

In E-Mails und in meinen regelmäßigen exklusiven Live-Webinaren werde ich oft gefragt, wie die optimale Einteilung des individuellen Depots aussehen könne.

Darauf lässt sich keine allgemeingültige Antwort geben. Die individuelle Aufteilung sieht von Anleger zu Anleger verschieden aus. Das hängt von Kriterien wie Alter, Familienstand, vorhandenes Vermögen, Zukunftsplanung, Alterssicherung, Risikoneigung, zeitlicher Anlagehorizont und vielem mehr ab.

Langsamer Start, wenn Sie neu einsteigen

Grundsätzlich empfehle ich einen langsamen Einstieg. Denn: Optionen sind für Sie (möglicherweise) neu. Der Optionen-Profi ist für Sie neu. Das Depot und der Broker sind für Sie vielleicht ebenfalls neu. Da geht es zuerst einmal um das Umsetzen der Empfehlungen: Kauf und Verkauf von Optionen.

Deshalb reichen kleine Einsätze völlig aus. Unabhängig davon, ob Sie 5.000 € einsetzen oder 1 Million € zur Verfügung haben, meine Empfehlung lautet: Starten Sie langsam!

Den Betrag (je Trade) können Sie ja jederzeit aufstocken. Zum *Kennenlernen* reicht es aus, einen Kontrakt einer Empfehlung zu kaufen.

Wenn Sie jeweils einen Kontrakt einer Empfehlung kaufen, ist es ganz einfach: Sie kaufen zum empfohlenen Kaufpreis und verkaufen nach der 100%-Ziel-Verkauf-Strategie mit dem doppelten Kaufpreis oder sobald ich davon abweichend eine andere Verkaufsempfehlung gebe.

Schrittweise kaufen und später verkaufen

Wenn Sie mehr als einen Kontrakt einer Empfehlung kaufen wollen, gibt es eine Vorgehensweise, die Ihnen den Einstieg in einen Trade erleichtert und später auch den Ausstieg (zum Ausstieg weiter unten mehr).

Schrittweiser Einstieg bringt Preisvorteil und Sicherheit

Nehmen wir an, Sie wollen 3 Kontrakte einer Empfehlung kaufen. Einerseits wollen Sie bei einem Trade sofort einsteigen, auf der anderen Seite wollen Sie nicht zu viel bezahlen. Nehmen wir in diesem Beispiel an, eine Option kostet 3 €, entsprechend 300 € pro Kontrakt mit 100 Optionen.

Durch die hohe Hebelkraft der Optionen kann es sein, dass Sie diese Option ein paar Tage später billiger kaufen können, beispielsweise für 2,50 €. Für den Kauf von beispielsweise 3 Kontrakten derselben Option bietet sich deswegen folgender gestaffelter Einstieg an: Sie kaufen einen Kontrakt sofort zum Kurs von 3 €.

Jetzt gibt es 2 Möglichkeiten: 1. Der Kurs fällt oder 2. er steigt. Sie legen schon beim Kauf für beide Möglichkeiten fest, wie Sie sich verhalten wollen.

1. Der Kurs fällt

Für den Fall, dass der Kurs nach Ihrem Kauf fällt, planen Sie folgendermaßen: Sie kaufen einen weiteren Kontrakt beim Kurs von 2,50 € und nochmals einen Kontrakt, wenn Sie die Option sogar für nur noch 2 € erwerben können. Ihr durchschnittlicher Kaufpreis ist von ursprünglich 3 € auf 2,50 € gesunken (Mittelwert vom Kauf der Optionen bei 3 €, 2,50 € und 2 €). Sie stellen sich beim gestaffelten Kauf besser, als wenn Sie sofort alle 3 Kontrakte gekauft hätten.

2. Der Kurs steigt

Nehmen wir den zweiten Fall: Der Kurs steigt nach Ihrem Kauf zu 3 €. Erst steigt er auf 3,50 € und danach auf 4 €. Einen zusätzlichen Kontrakt kaufen Sie nach beim Kurs von 3,50 € je Option und noch einen weiteren kaufen Sie zum Kurs von 4 €. Sie haben Ihren durchschnittlichen Kaufpreis dadurch zwar erhöht, aber Sie haben die folgende Sicherheit im Depot:

Beim ersten Nachkauf zu 3,50 € pro Option haben Sie schon ein Gewinnpolster von 50 €. Denn: Der erste der Kontrakte mit 100 Optionen ist im Wert von 300 € auf 350 € gestiegen.

Und beim zweiten Nachkauf, dann zu 4 €, haben Sie ein noch dickeres Gewinnpolster von 150 €. Der erste Kontrakt ist von 300 € auf 400 € und der danach gekaufte Kontrakt von 350 € auf 400 € im Kurs gestiegen. Das ergibt einen addierten Buchgewinn von 150 €. Dieser Einstieg erleichtert den Kauf des dritten Kontraktes. Dabei handelt es sich um einen geplanten und gestaffelten Kauf. Davon grenzt sich der einfache Nachkauf ab.

100%-Ziel-Verkauf nach Kaufkurs im Muster-Depot berechnen

Im Basis-Depot arbeite ich mit der 100%-Ziel-Verkauf-Strategie. Diese habe ich Ihnen in diesem Handbuch ab Seite 30 vorgestellt. Bei der oben beschriebenen Vorgehensweise weicht Ihr individueller Kaufkurs von dem Empfehlungskurs im Optionen-Profi nach oben oder unten ab.

Für die 100%-Ziel-Verkauf-Order empfehle ich dann, den Kurs als Orientierung nehmen, den ich für das Muster-Depot verbuche. Maßgeblich für Sie sollte Ihr persönlicher verdoppelter Kaufpreis sein. Diesen Kurs nenne ich Ihnen in der Übersicht „Basis-Depot Übersicht laufende Empfehlungen", die ich Ihnen mit jedem Wochenbericht zusende. Also: Mein dort jeweils genannten Kaufpreis für das Muster-Depot × 2 ergibt den Kurs für den Ziel-Verkauf.

Sie können diese Vorgehensweise individuell weiter differenzieren, vor allem, wenn Sie mehr als 3 Kontrakte einer Option kaufen.

Schrittweiser Verkauf optimiert Gewinn und reduziert das Risiko

Bleiben wir bei 3 gekauften Kontrakten. Nehmen wir an, Sie haben diese im Durchschnitt zu 3 € je Option, also 300 € je Kontrakt, gekauft. Sie möchten den 100%-Ziel-Gewinn zum Kurs von 6 € erzielen. Nehmen wir an, der Kurs steht bei 4,50 €. Wenn Sie zu diesem Kurs verkaufen, erzielen Sie einen Gewinn von +50%. Diese schönen Gewinn wollen Sie (zum Teil) absichern, auf der anderen Seite aber auch von weiteren Kursgewinnen partizipieren. Dann empfehle ich folgende Vorgehensweise:

Sie haben 3 Kontrakte gekauft und insgesamt 900 € (3 × 300 €) investiert. Ihre Gesamtposition ist nach dem Kursgewinn 1.350 € wert. Wenn Sie absolut risikofrei und ganz auf der sicheren Seite stehen möchten, verkaufen Sie 2 Kontrakte und erzielen damit 900 €. Damit haben Sie sofort Ihren Kaufpreis als Erlös erzielt. Mit dem verbleibenden Kontrakt profitieren Sie von einem weiteren Wertzuwachs. Sollte der Kurs jedoch nicht weiter steigen oder sogar deutlich fallen, ist Ihr maximales Risiko absolut begrenzt. Sie können in diesem Beispiel nach Verkauf von 2 Kontrakten nur noch gewinnen, aber nichts mehr verlieren.

Schrittweise kaufen und verkaufen individuell einsetzen

Diese Vorgehensweise können Sie, je nach Anzahl gehandelter Kontrakte, individuell variieren. Die obige Darstellung kann Ihnen den Einstieg in den Optionen-Handel erleichtern, weil sie eine gutes Risikomanagement bietet. Aber diese Vorgehensweise ist auch grundsätzlich und dauerhaft eine gute Strategie bei allen Börsengeschäften.

Mein besonderer Service für Sie als Leser des Optionen-Profi: Meine exklusiven Live-Webinare!

Regelmäßig, ca. alle 14 Tage, halte ich persönlich kostenfreie Live-Webinare ab, mit jeweils:

• der aktuellen Markt-Analyse für Sie als Investoren
• Basis-Wissen zum Optionen-Handel in der Praxis
• Besprechung aller offenen Optionen-Positionen im Depot-Check

Und natürlich beantworte ich Ihre Fragen zu allen Themen des Optionen-Profi.

Monatsausgabe des Optionen-Profi

Der Optionen-Profi erscheint mit 12 monatlichen Print-Ausgaben pro Jahr. Mit dieser Ausgabe erhalten Sie die Empfehlungen mit unserer 100%-Ziel-Verkauf-Strategie für das Basis-Depot.

	Basiswert	Kürzel	Kurs des Basiswerts bei Erhalten des empfohlenen Optionspreises	etwa in Kauf	Options-Empfehlung[1]	Optionen pro Kontakt	Kurs der Option bei Empfehlung	Empfohlener Kaufpreis[2] (Limitpreis)	Empfohlene Kaufspanne	Ihr spätester Kauftag[3]	Ziel-Gewinn
Calls	iShares Glob. Cl. En.	IGLN	18,50 $	K	Call • Jan.24 • 17 $	100	3,80 $	3,30 $	3,10 $–4,40 $	05.04.2023	100%
	EQT		32,20 $	K	Call • Jun.24 • 40 $	100	5,30 $	4,50 $	4,30 $–6,00 $	05.04.2023	100%
	RWE		39,00 €	K	Call • Jun.24 • 40 €	100	4,80 €	4,40 €	4,10 €–5,80 €	05.04.2023	100%
Puts	Deutsche Bank	DBK	11,40 €	K	Put • Jun.24 • 9 €	100	3,60 €	3,10 €	2,90 €–4,15 €	05.04.2023	100%
	iShares EuroStoxx 50	EUN2	45,00 €	K	Put • Sep.23 • 43 €	100	2,30 €	2,00 €	siehe Empfehlungs-Details für		
	SPDR S&P 500	SPY	410,00 $	K	Put • Sep.23 • 290 $	100	2,40 $	2,10 $	Ihre Depot-Absicherung auf Seite 7		

TABELLARISCHE DATEN ZUM BASISWERT — TABELLARISCHE DATEN ZUM EMPFOHLENEN OPTIONEN-TRADE

Basis-Depot — Top-Trade

1 Die Kurzform der Empfehlung ist folgendermaßen dargestellt: Call/Put • Laufzeit • Basispreis
2 Wegen der oft stark schwankenden Preise für Optionen geben wir bei den Empfehlungen eine Kaufspanne für den hier angegebenen empfohlenen Kaufpreis² an. Unsere Empfehlung: Kaufen Sie zum empfohlenen Kaufpreis oder besser.
3 Sie sollten aufgrund der Analysen und Empfehlungen dieser Ausgabe die Werte nicht später als am „spätesten Kauftag" eröffnen.

Hinweis: Sie sollten zunächst nicht mehr als die Hälfte des für einen Trade bereitgehaltenen Kapitals investieren. Im Fall eines Rücksetzers empfehle ich Ihnen ggf. den strategischen Zweitkauf. Investieren Sie dann die zweite Hälfte, um einen günstigeren Mischkurs zu erzielen. Investieren Sie insgesamt aber nicht mehr als 10% Ihres Kapitals für einen Trade.

Auf Seite 1 erhalten Sie „Alle Empfehlungen dieser Ausgabe auf einen Blick".

Im Innenteil der Ausgabe finden Sie unsere ausführlichen Begründungen für jede Empfehlung. Aber schon mit den Angaben aus diesen beiden Tabellen haben Sie alle Angaben, die Sie für Ihre Kauforders benötigen. Da Optionen keine WKN haben, gibt es diese (natürlich) auch nicht in den Tabellen.

Wochenbericht des Optionen-Profi

Einmal pro Woche erhalten Sie den Wochenbericht des Optionen-Profi. Dieser Börsenbrief wird Ihnen per E-Mail oder auf Wunsch per Fax zugeschickt. Mit diesem Wochenbericht sind Sie immer über das aktuelle Börsengeschehen und die laufenden Empfehlungen des Optionen-Profi informiert.

➤ **Alle für Sie wichtigen Angaben auf den ersten Blick**

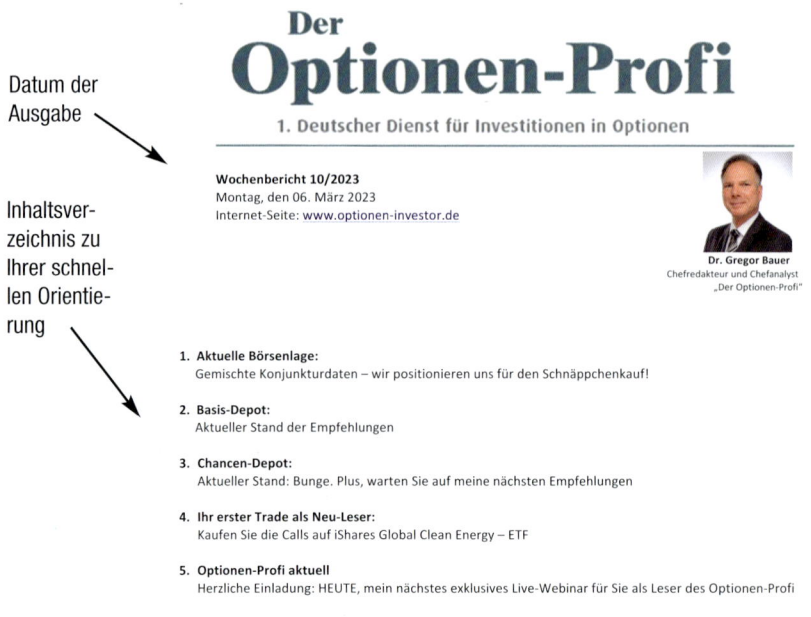

Datum der Ausgabe

Inhaltsverzeichnis zu Ihrer schnellen Orientierung

Der Optionen-Profi

1. Deutscher Dienst für Investitionen in Optionen

Wochenbericht 10/2023
Montag, den 06. März 2023
Internet-Seite: www.optionen-investor.de

Dr. Gregor Bauer
Chefredakteur und Chefanalyst
„Der Optionen-Profi"

1. **Aktuelle Börsenlage:**
   Gemischte Konjunkturdaten – wir positionieren uns für den Schnäppchenkauf!

2. **Basis-Depot:**
   Aktueller Stand der Empfehlungen

3. **Chancen-Depot:**
   Aktueller Stand: Bunge. Plus, warten Sie auf meine nächsten Empfehlungen

4. **Ihr erster Trade als Neu-Leser:**
   Kaufen Sie die Calls auf iShares Global Clean Energy – ETF

5. **Optionen-Profi aktuell**
   Herzliche Einladung: HEUTE, mein nächstes exklusives Live-Webinar für Sie als Leser des Optionen-Profi

> ## Aktueller Marktkommentar mit Ausblick auf die Börsenwoche

Aktuelle Börsenlage:
Gemischte Konjunkturdaten – wir positionieren uns für den Schnäppchenkauf!

ber Optionen-Investor,

n Donnerstag, den 02.03., wurde es kritisch. Der DAX brach zur Eröffnung bis auf die untere
grenzungslinie des 1. Unterstützungsbereichs ein, im Tief bis 15.150 Punkte. Doch dann erholte sich der
dex wieder und schloss den Handelstag im Plus ab. Am Freitag, den 03.03., setzte dann ein wahrer
ufrausch ein, der den DAX erneut in den Bereich des 1. Widerstands katapultierte. Im Chart *„DAX: Die 1.
nterstützung hat gehalten – und kann jetzt als Sprungbrett für den Kursanstieg dienen!"* können Sie den
rsverlauf verfolgen. Die US-Indizes zeigten dabei ein ähnliches Verhalten.

gilt weiterhin, was ich Ihnen in meinem Fazit der vergangenen Woche geschrieben habe: *„Nach oben stellt
tzt der 1. Widerstand eine massive Hürde dar. Das übergeordnete charttechnische Kursziel liegt nach wie vor
) Bereich des Allzeithochs, also des aktuellen 2. Widerstands. Dazu müssen jedoch bald positive Nachrichten
e Investoren zum Kauf bewegen. Denkbar wäre hier der Beginn von Friedensverhandlungen zwischen
Russland und der Ukraine. Auch positive Signale seitens der Konjunktur, eine künftige niedrigere Inflation,
Zinssenkungssignale seitens der FED beziehungsweise der EZB würden die Kauf-Stimmung deutlich steigern."*

Dazu die fundamentalen Hintergründe:
- ✓ **Am 01.03. wurde bekannt, dass der chinesische Einkaufsmanagerindex** zum ersten Mal seit sieben
Monaten gestiegen ist und oberhalb von 50 Punkten liegt = Expansion. Die chinesische Wirtschaft
befindet sich im Aufwind.
- ✓ **Am 01.03. meldete das Statistische Bundesamt erste Berechnungen zum Verbraucherpreisindex**
(VPI = Inflations-Messgröße): Februar 2023 – Februar 2022: +8,7%. Der Anstieg Januar 2023 – Januar
2022 lag ebenfalls bei +8,7%.
Mein Fazit: Am Morgen gute Nachrichten aus China. Am Nachmittag enttäuschende Inflationsdaten
aus Deutschland, denn es wurde auf einen Rückgang gehofft. In der Konsequenz stieg der DAX
zunächst an, fiel dann zum Handelsschluss wieder ins Minus.
- ✓ **Am 02.03. folgen Daten von Eurostat:**
Die EU-Inflationsrate (HVPI) sank auf nur +8,5% (Februar 2023 – Februar 2022). Von Januar 2023 –
Januar 2022 waren es +8,6%.
Die Kern Inflation stieg sogar von 5,3% (Januar 2023 – 2022) auf 5,6% (Februar 2023 – Februar 2022)
Mein Fazit: Investoren waren enttäuscht. Der DAX fiel zunächst nach der Eröffnung weiter zurück.
- ✓ **Am 02.03., um 14:30 Uhr, folgten die US-Erstanträge auf Arbeitslosenunterstützung:** Diese fielen mit
190.000 niedriger aus als erwartet (195.000).
Mein Fazit: Investoren waren verunsichert. Zunächst ist der stabile Arbeitsmarkt ein „zweischneidiges
Schwert": Robuste Konjunktur = Zinserhöhungs-Sorgen. Die steigenden Lohnstückkosten sind ein
Inflationstreiber, da sie die Produktionskosten erhöhen.
Die US-Futures-Märkte fielen bis zur Bekanntgabe der Daten um 14:30 Uhr, stiegen dann jedoch bis
zum Tagesschluss wieder in den positiven Bereich.

Meine Schlussfolgerung aus der Gesamt-Einschätzung der Daten:
- Auch hier gilt weiterhin: In der vergangenen Woche wurden wieder „gemischte" Daten gemeldet. Dies
wird wohl so bleiben und so werden auch die Märkte weiter deutlich schwanken.
- Wir traden weiter im Auf und Ab der Märkte: Wir steigen möglichst zu Schnäppchenpreisen in Calls
ein und kassieren serienweise Gewinne, wenn der Basiswert in einem Aufwärtsimpuls verläuft.

Im Wochenverlauf: DAX und S&P mit hohen Gewinnen zum Wochenschluss
Der **DAX** notierte zum Schlusskurs am Freitag, den 03.03.2023, bei 15.578 Punkten. Damit gewinnt der Index
etwa +2,43%, im Vergleich zum Schlusskurs vom Freitag, den 24.02. (15.209 Punkte). Der **US-Index S&P 500**
beendete die vergangene Handelswoche ebenfalls mit einem deutlichen Plus, nämlich bei 4.045 Punkten.
Damit stieg er um +1,89%, bezogen auf den Schlusskurs vom 24.02. (3.970 Punkte).

Der Verlauf der heutigen Eröffnung des DAX
Zur Erläuterung des Charts auf Seite 3: Eine Kerze beschreibt jeweils die Entwicklung eines Handelstages.
Dabei stellt eine Kerze mit einem grünen Kerzenkörper einen Tag mit steigenden Kursen dar, gerechnet vom
Eröffnungs- bis zum Schlusskurs des jeweiligen Tages. Ein roter Kerzenkörper beschreibt entsprechend einen
Tag mit fallenden Kursen.

Kommentare zur aktuellen Marktlage und Chartdarstellung

Im aktuellen Marktkommentar lesen Sie alles Wichtige zur Einschätzung der
aktuellen Marktlage und dem Ausblick auf die kommende Handelswoche.

> ## Aktueller Stand der Empfehlungen des Basis-Depots

2. Basis-Depot:

Aktueller Stand der empfohlenen Optionen aus der Monatsausgabe 02/2023:
Diese Ausgabe, sowie alle vorherigen, finden Sie auch im exklusiven Leserbereich unserer Internetseite:
www.gevestor-login.de - dann unter „Der Optionen-Profi" und „Aktuelle Ausgaben".

Der **späteste Kauftag** für die in der aktuellen Monatsausgabe gegebenen Empfehlungen ist der **05.04.2023.**
Ich nenne Ihnen den spätesten Kauftag bei jeder Empfehlung.

Meine Gründe dafür:
- Ich will vermeiden, dass Sie etliche Wochen nach meiner Empfehlung nachträglich in eine Option einsteigen. Denn zu dem Zeitpunkt kann sich meine Bewertung verändert haben.
- Bis zu dem jeweiligen spätesten Kauftag gebe ich Ihnen in jedem Wochenbericht ein Update zu allen Empfehlungen der aktuellen Monatsausgabe.
- Sie haben also direkt zum Start in die Woche meine zeitnahe Einschätzung für Ihre geplanten Käufe oder neuen Optionen im Depot.

Die aktuellen Empfehlungen aus der Monatsausgabe 03/2023:
(Darstellung der Option: Call oder Put - Laufzeit - Basispreis)

Für alle empfohlenen Optionen gilt:
Sobald sich die Börsen-Lage ändert, sende ich Ihnen meinen Optionen-Profi-Eil-Dienst mit genauen Handlungsempfehlungen. Dann starten wir gegebenenfalls mit der Zweitkauf-Strategie durch und erreichen meist schnell wieder die Gewinn-Zone!

Kommentie-
rungen aller
Bewegungen
im Basis-
Depot

Die empfohlenen Calls für Ihre +100%-Gewinne:

1. Trade: iShares Global Clean Energy (ICLN) - (Call – Jan.24 – 17 $)
Empfohlener Kaufpreis: 3,30 $ / Empfohlene Kaufspanne: 3,10 – 4,40 $

So verlief der Kurs, nachdem Sie meine Empfehlung erreichte:
Der Kurs des ICLN-Basiswerts ist in den Tagen bevor Sie meine Empfehlung erreichte, gestiegen und am Tag der Empfehlung wieder gefallen. Ich habe den empfohlenen Kaufpreis für die Option tiefer gesetzt, als er zum Zeitpunkt der Empfehlung gehandelt wurde. So können wir die erwarteten Marktschwankungen nutzen, um bei Rücksetzern zu „Schnäppchenpreisen" zuzuschlagen. Gemäß meiner Strategie wurde der Call auf ICLN noch nicht zum empfohlenen Preis gehandelt. Sie konnten jedoch bereits innerhalb der empfohlenen Preisspanne einsteigen. Am 02.03. konnten Sie die Calls im Tief zu 3,65 $ kaufen. Zum Schlusskurs am Freitag, den 03.03., notierten die Calls bei etwa 4,15 $.

Meine aktuelle Bewertung: Halten, beziehungsweise kaufen Sie wie empfohlen
Halten Sie die Calls, wenn Sie bereits eingestiegen sind. Wenn Sie noch nicht gekauft haben, kaufen Sie wie empfohlen und setzen Sie dabei meine **Kauf-Strategie** um: Ob der Preis des Calls „genau" auf den empfohlenen Preis zurücksetzt, lässt sich nicht genau prognostizieren. Daher kaufen Sie zunächst einen oder einige Kontrakte zum aktuellen Preis, also oberhalb des empfohlenen Kaufpreises. Kaufen Sie jedoch nicht teurer als bis zum oberen Ende der empfohlenen Preisspanne. Hier also nicht teurer als zu 4,40 $. So sind Sie sofort dabei. Lassen Sie jedoch das empfohlene tiefe Kauf-Limit, hier 3,30 $, weiterhin in der Ordermaske stehen, um auch diese „Schnäppchenchance" zu nutzen. Sie haben für diesen Trade, wie auch für alle weiteren Trades dieser Monatsausgabe, bis zum 05.04. Zeit.

Hier lesen Sie präzise zusammengefasst den Stand aller Trades und genaue Handelsempfehlungen auf Basis meiner aktuellen Bewertung.

➤ Aktuelle Empfehlungen zu Trades aus dem Chancen-Depot

3. Chancen-Depot:

Neue Käufe für das Chancen-Depot: Kauf der Calls auf Bunge (BG)

Bunge (BG) - (Call - Jan24 - 125 $)
Empfohlener Kaufpreis: 4,30 $ / Empfohlene Kaufspanne: Bis zu maximal 5,50 $

So verlief der Kurs, nachdem Sie meine Empfehlung erreichte:
Der empfohlene Kaufpreis wurde nicht ganz erreicht, im volumengewichteten Durchschnitt konnten Sie jedoch zwischen 4,60 $ - 5,00 $ an mehreren Tagen einsteigen. Ich setze daher 4,80 $ als kalkulatorischen Kaufpreis. Zum Schlusskurs der vergangenen Woche notierten die Calls bei 3,05 $.

Meine aktuelle Bewertung: Halten, kaufen Sie jetzt nicht mehr nach
Halten Sie die Calls, wenn Sie bereits gekauft haben. Wenn nicht, kaufen Sie jetzt nicht mehr nach. Schon bald sende ich Ihnen weitere Empfehlungen mit neuen Gewinn-Chancen.

Positionen, die in dieser Woche ihren spätesten Termin zur Schließung erreichen:
In dieser Woche erreicht keine Position den spätesten Verkaufstag.

➤ Der besondere Service für neue Leser: Konkrete Tipps für den 1. Trade

4. Ihr erster Trade als neuer Leser:
Sie starten mit dem Optionen-Handel? Sie wollen erst einmal testweise eine Option kaufen? Sie wissen nicht welche?
... kaufen Sie die Calls auf iShares Global Clean Energy - ETF (ICLN)
Kaufen Sie die Calls auf ICLN. Diese notieren, wie erwartet, zurzeit noch oberhalb des empfohlenen Kaufpreises, aber innerhalb der Kaufspanne. Meine genauen Handelsempfehlungen dazu lesen Sie gern auch noch einmal auf Seite 4.

➤ Aktuelles vom Optionen-Profi

5. Herzliche Einladung: Mein nächstes exklusives Live-Webinar für Sie als Leser des Optionen-Profi

HEUTE, am MONTAG, 06.03.2023, von 16:00 - 17:00 Uhr.
Mein Thema für Sie: **Diese Unternehmensdaten analysiere ich für unsere Basiswerte.** Dazu **die Analyse** der aktuellen Empfehlungen aus der **Monatsausgabe 03/2023** und der **Konjunkturausblick auf 2023.**
Dabei werde ich auch allgemeine **gewinnbringende Tipps aus der Praxis** zum einfachen Kauf und Verkauf von Optionen geben, **live in der Handelsmaske** eines Brokers.

Sie verpassen nichts: Hier finden Sie alle Neuigkeiten, Veranstaltungen, Leser-Treffen und Webinare.

Meine 3 Top-Themen am 06.03. für Sie:
1. **Basiswissen** für den Optionen-Handel: **Diese Unternehmensdaten analysiere ich für unsere Basiswerte.** Plus, der **Konjunkturausblick** auf 2023!
2. **Markt-Analyse**: Meine aktuelle **Einschätzung** zum Marktgeschehen
3. Mein aktueller **Depot-Check**: Ich erläutere live, in der Handelsmaske eines Brokers, die **neuen Trades** der **Monatsausgabe 03/2023** und meine weitere Strategie

Mein Webinar ist insbesondere auch **für Einsteiger bestens geeignet** und auch für Teilnehmer am One Click Trading wichtig. Nehmen Sie sich bitte die Zeit für dieses wichtige Trading-Webinar, mit Blick auf die Trades und Strategien in 2023!
HEUTE, am MONTAG, den 06.03.2023, von 16:00 – 17:00 Uhr.
Melden Sie sich am besten gleich jetzt hier an: https://shop.gevestor-verlag.de/qqq/anmeldung-live-webinare/

> **Die Aufstellung des Gesamt-Depots vom Optionen-Profi**

Wir haben Ihre Depotübersicht jetzt noch übersichtlicher gestaltet. Die Übersicht über die aktuellen Empfehlungen des Basis- und des Chancen-Depots erhalten Sie als übersichtliche Gesamt-Ansicht im Anhang zu jedem Wochenbericht.

Basis-Depot
Wegen der hohen Hebelkraft von Optionen schwanken die Kurse stark. Aus diesem Grund ist eine wöchentliche Aktualisierung der Kurse dieser mittelfristigen Empfehlungen nicht aussagekräftig.

Chancen-Depot
Für die Empfehlungen des Chancen-Depots nutzen wir kurz- und mittelfristige Kursschwankungen der Märkte mit Call- und Put-Optionen. Dabei sind schnelle Gewinne ab +20% und spekulative Gewinne von bis zu mehreren +100% das Ziel. Investieren Sie in jede neue Empfehlung den in der Tabelle angegebenen prozentualen Anteil Ihres für das Chancen-Depot bereitgestellten Geldes. Dieses Volumen bestimmt damit die Anzahl der Kontrakte, die Sie kaufen.

Aufteilung Basis-Depot / Chancen-Depot
Investieren Sie von den für den Optionen-Profi vorgesehenen Mitteln etwa 2/3 für das Basis-Depot und 1/3 in das Chancen-Depot. Einen Hinweis, wie viel Kapital Sie prozentual je Trade für das Chancen-Depot investieren sollten, erhalten bei jeder Empfehlung. Mit den Empfehlungen für das Basis-Depot gehen Investoren sehr unterschiedlich um. Manche kaufen alle, andere nur einen Teil der Empfehlungen. Deshalb gebe ich keine Größenordnung vor.

Die Optionen-Profi-Empfehlung: Legen Sie fest, wie viele Trades Sie vom Basis-Depot umsetzen und wie viel Geld Sie insgesamt darin investieren wollen. Danach investieren Sie in jeden Trade des Basis-Depots in etwa denselben Betrag.

Alle laufenden Empfehlungen des Basis-Depots und des Chancen-Depots finden Sie im exklusiven Abonnentenbereich unserer Internetseite: www.gevestor.de unter „Laufende Empfehlungen".

Das Beispiel der Aufstellung des Basis-Depots für den deutschen und europäischen Markt.

Tabellarische Daten zu den Basiswerten			Tabellarische Daten zu den Optionen						
Basiswert (Kürzel)	Kurs des Basiswerts bei Erreichen des empfohlenen Optionspreises in etwa (*)	Tag der letzten Empfehlung	Options-Empfehlung (1)	Empfohlene Kaufspanne und (empf. Kaufpreis) (2)	Kaufpreis der Option (3)	Ihr spätester Kauftag (4)	Ziel	Spätester Termin zur Positions-Schließung (5)	Aktuelle Empfehlung (6)
RWE (RWE)	39,00 €	02.03.23	Call - Jun.24 - 40 €	4,10 - (4,40) - 5,80 €	4,40 €	05.04.23	100%	08.03.24	Kaufen
Deutsche Bank (DBT)	11,40 €	02.03.23	Call - Jun.24 - 9 €	2,90 - (3,10) - 4,15 €		05.04.23	100%	08.03.24	Kaufen
ishares EuroStoxx 50 (EUN2) (7)	45,00 €	02.03.23	Put - Sept.23 - 43 €	1,80 - (2,00) - 2,50 €	2,00 €	05.04.23	unbegrenzt	04.08.23	Kaufen
Brenntag (BNR)	66,00 €	02.02.23	Call - Dez.23 - 72 €	4,30 - (4,70) - 6,40 €	6,30 €	01.03.23	100%	27.10.23	Halten
Logitech (LOGN)	51,00 CHF	02.02.23	Call - Dez.23 - 56 CHF	3,70 - (4,00) - 5,40 CHF	4,00 CHF	01.03.23	100%	27.10.23	Halten
ishares EuroStoxx 50 (EUN2) (8)	41,50 €	05.01.23	Put - Dez.23 - 34 €	0,95 - (1,05) - 1,60 €	1,05 €	01.02.23	unbegrenzt	13.10.2023	Halten
DAX/ODAX	12.670 P. (*)	06.10.22	Put - Dez.23 - 6.800 P.	85,00 - (90,00) - 125,00 €	90,00 €	02.11.22	100%	13.10.23	Halten
Deutsche Telekom (DTE)	19,10 € (*)	01.09.22	Call - Dez.23 - 18 €	1,80 - (2,00) - 2,50 €	2,00 €	05.10.22	100%	13.10.23	Halten
Allianz (ALV)	195,80 € (*)	02.06.22	Call - Jun.23 - 240 €	3,10 - (3,30) - 4,10 €	3,30 €	06.07.22	100%	14.04.23	Halten

(1)   Die Kurzform der Empfehlung ist folgendermaßen dargestellt: Call/Put / Laufzeit / Basispreis. Eine WKN oder ISIN gibt es für Optionen nicht.

(2)   Kaufen Sie zum empfohlenen Kaufpreis oder günstiger, jedoch nicht höher als bis zum höchsten Preis der empfohlenen Kaufspanne.

(3)   Sie sollten aufgrund der Analysen und Empfehlungen dieser Ausgabe die Optionen nicht später als am „spätesten Kauftag" kaufen.

(4)   Sie sollten eine Option nicht länger als bis zum angegebenen „spätesten Termin zur Positions-Schließung" halten.

(5)   Diesen Put empfehle ich im Rahmen der Strategie: „2 Puts für 2 Märkte" jeden Monat neu. Ich passe dabei jeweils den empfohlenen Kaufpreis, die Kaufspanne und den spätesten Kauftag an.

Der Optionen-Profi-Eil-Dienst

Durch unseren Optionen-Profi-Eil-Dienst haben Sie größtmögliche Sicherheit und nutzen jede von uns entdeckte Gewinn-Chance.

Den Optionen-Profi-Eil-Dienst erhalten Sie jederzeit im Laufe einer Woche:

➤ wenn wir eine gewinnversprechende Chance für einen Optionen-Trade entdecken (zumeist Chancen-Depot)

➤ sobald es Handlungsbedarf für eine Option im Basis-Depot oder Chancen-Depot gibt (Kauf, Verkauf einer Position)

➤ bei besonderen Ereignissen an der Börse

Mit diesen Optionen-Profi-Eil-Diensten erhalten Sie alle notwendigen Angaben zum Handeln.

Den Optionen-Profi-Eil-Dienst erhalten Sie an die von Ihnen angegebene E-Mail-Adresse.

SMS-Benachrichtigungs-Service:
Auf Wunsch informieren wir Sie auch gerne sofort per SMS auf Ihrem Handy, wenn Sie eine E-Mail von uns erhalten. Geben Sie dazu bitte gegebenenfalls Ihre gültige Handy-Nummer an unseren Kundendienst weiter.

Den Kundendienst erreichen Sie wie folgt:

Tel.: (02 28) 9 55 01 85
oder Fax: (02 28) 36 96 480
oder per E-Mail an kundendienst@gevestor.de

Die GeVestor TRADING Revolution: One Click Trading

Jetzt wird der Handel mit Optionen noch einfacher und sicherer, denn Sie erhalten mit der exklusiven GeVestor One Click Trading-APP die **Empfehlungsdetails** des Optionen-Profi in einem **vorgefertigten Orderticket.**

Von der Empfehlung zur platzierten Order in nur 3 Klicks!
Sie müssen nach Erhalt des vorgefertigten Ordertickets nur noch Ihre gewünschte Stückzahl eingeben und Ihre Eingaben bestätigen. Sie müssen die Oderdetails nicht mehr selbst in die Ordermaske Ihres Brokers eintippen. **100% einfach, sicher und bequem.** So können Sie in nur 3 Klicks die Empfehlungen vom Optionen-Profi einfach und sicher umsetzen.

Kostenlos und exklusiv für Leser vom Optionen-Profi
Nutzen Sie die das GeVestor One Click Trading! Gehen Sie dazu auf
http://app.oneclicktrading.de
und registrieren Sie sich ganz einfach!

Für Fragen wenden Sie sich bitte an unseren Kundenservice:
Telefon: 0228 - 955 04 33
E-Mail: feedback@oneclicktrading.de

V   Fachbegriffe ...
... für den Kauf und Verkauf von Optionen

In jedem Spezialgebiet entwickelt sich ein Fachvokabular. Das gilt für den Börsenhandel genauso wie für das Spezial-Gebiet der Optionen. Eine ständig erweiterte Übersicht dieser Fachbegriffe finden Sie unter der Adresse www.optionen-investor.de unter der Kategorie „Fachbegriffe".

Fachbegriffe immer erläutert

Im Optionen-Profi verzichte ich weitestgehend auf Fachbegriffe. Diese sind aber gelegentlich unverzichtbar zur eindeutigen Bezeichnung. In diesen Fällen erläutere ich das genutzte Fachwort sofort im Text. Da das Optionen-Geschäft aus den USA nach Deutschland gekommen ist, werden in der Fachsprache auch in Deutschland regelmäßig englische Wörter verwendet. Diese nenne ich immer zeitgleich.

Eindeutige Bestimmung von Kauf und Verkauf

Auf einen Sprachgebrauch gehe ich an dieser Stelle besonders ein. Die Begriffe „Kauf" oder „Verkauf" einer Option werden oft nicht eindeutig verwendet. Sie werden immer wieder in unterschiedlichen Bedeutungen genutzt.

Bei den Empfehlungen des Optionen-Profi gibt es typischerweise diese möglichen Transaktionen:

> Das Eröffnen einer Optionen-Position im Optionen-Profi: der Kauf einer Option (siehe Seite 67)

> Das Schließen einer Optionen-Position im Optionen-Profi: die Glattstellung (der Verkauf) einer vorher gekauften Option (siehe Seite 68)

Das Eröffnen einer Optionen-Position

Der Kauf einer Option

Das Eröffnen einer Optionen-Position geschieht durch den Kauf einer Option. Dieses Geschäft wird auch „Opening" genannt. „Opening" kommt aus dem Englischen und heißt „Eröffnung". Es bedeutet also, dass eine Position neu eröffnet wird. Dafür gibt es folgende Möglichkeiten:

> ➤ Sie kaufen einen Call. Für diese Art der Geschäftseröffnung wird auch im deutschsprachigen Raum oft der englische Begriff „Open Long-Call" verwandt.
> ➤ Entsprechend gibt es zur Positions-Eröffnung den Kauf eines Puts, der im Englischen als „Open Long-Put" bezeichnet wird.

Nach Kauf eines Calls oder Puts sind Sie Inhaber eines Long-Calls oder Long-Puts.

Exkurs: Abgrenzung von Long-Call und Long-Put zu Stillhalter-Geschäften (die eindeutige Begriffsbestimmung)

> ➤ Jedes Optionen-Geschäft hat einen Käufer. Als Käufer treten wir mit unseren Transaktionen der Optionen-Profi-Empfehlungen auf. Jeder Optionen-Handel hat entsprechend auch einen Verkäufer der Option. Das kann ein bisheriger Inhaber der Option sein, der seine Position glattstellt (verkauft).
> ➤ Das kann aber auch ein Marktteilnehmer sein, der durch den Verkauf als Stillhalter tätig wird und seine Position ebenfalls eröffnet. Er ist damit Verkäufer des von Ihnen gekauften Kontraktes. Sie haben durch den Kauf von Calls oder Puts Rechte erworben. Welche Rechte das sind, können Sie in diesem Handbuch lesen. Der Verkäufer, der als Stillhalter die Gegenseite dieses Vertrages einnimmt, muss Ihre Rechte erfüllen, wenn Sie diese einfordern. Dafür haben Sie ihm den Kaufpreis (die Prämie) für die Op-

tion bezahlt. Der Stillhalter hat seine Position also auch eröffnet. Der Stillhalter bleibt Ihnen allerdings unbekannt. Abgerechnet wird immer über die sogenannte Clearingstelle der Börse.

➤ Zur Unterscheidung zwischen dem Käufer einer Option (Inhaber des Long-Calls oder des Long-Puts) und dem Stillhalter, wird die Position des Stillhalter-Geschäftes „Short-Call" oder „Short-Put" genannt.

Bei den Grundgeschäftsarten im Optionen-Handel gibt es folglich diese „Opening-Transaktionen":

➤ **Open Long-Call** (Käufer und Inhaber eines Calls)
➤ **Open Long-Put** (Käufer und Inhaber eines Puts)
➤ **Open Short-Call** (Verkäufer und Stillhalter eines Calls)
➤ **Open Short-Put** (Verkäufer und Stillhalter eines Puts)

Der Käufer eines Calls wird zum Inhaber des Long-Calls. Der Käufer eines Puts wird zum Inhaber des Long-Puts. Analog dieser Fachausdrücke ist der Trader, der einen Straddle durch den Kauf einer gleich großen Anzahl von Calls und Puts auf denselben Basiswert mit denselben Basispreisen bildet, Inhaber eines Long-Straddles.

Durch den Kauf einer gleich großen Anzahl von Calls und Puts auf denselben Basiswert mit unterschiedlichen Basispreisen wird der Trader entsprechend zum Inhaber eines Long-Strangles.

Das Schließen einer Optionen-Position

Die Glattstellung (der Verkauf) einer vorher gekauften Option

Das Schließen einer Optionen-Position wird „Glattstellen" oder „Closing" genannt. „Glattstellen" bedeutet immer, dass eine ursprünglich eröffnete Position geschlossen wird.

Das „Schließen" einer gekauften Option findet beim Optionen-Profi typischerweise durch den Verkauf (die Glattstellung) der vorher gekauften Option statt. An dieser Stelle ist der eindeutige Sprachgebrauch sehr wichtig: Der „übliche" Sprachgebrauch würde vielleicht sagen, Sie verkaufen den Call oder Put XYZ.

Eigentlich sollte klar sein, was damit gemeint ist. Eine Option, deren Inhaber Sie sind, wird verkauft. Optionen ermöglichen aber die Besonderheit der Stillhalter-Geschäfte. Sie haben gerade gesehen, dass ein Stillhalter-Geschäft durch den Verkauf einer Option an einen Käufer eröffnet wird.

Die Aussage „Die Option XYZ wird verkauft" ist also nicht eindeutig. Sie bezeichnet das Glattstellen (Closing) einer vorhandenen Position ebenso, wie das Eröffnen (Opening) einer Stillhalter-Position. Der Verkauf einer vorher gekauften Option wird deswegen als Glattstellen oder Closing bezeichnet.

Bei den Grundgeschäftsarten im Optionen-Handel gibt es folglich diese „Closing-Transaktionen":
➤ Glattstellung eines gekauften Calls durch den **Call-Inhaber**
➤ Glattstellung eines gekauften Puts durch den **Put-Inhaber**
➤ Glattstellung eines verkauften Calls durch einen **Stillhalter im Call**
➤ Glattstellung eines verkauften Puts durch einen **Stillhalter im Put**

Diese Begriffe dienen dem Verständnis der Fachliteratur. Bei den Empfehlungen des Optionen-Profi werde ich immer eindeutig klarstellen, was gemeint ist. Es gibt im Optionen-Profi fast ausschließlich die Geschäfte des Kaufs von Calls und Puts, sowie deren Glattstellung (Verkauf der Optionen, die Sie vorher gekauft haben). Diese Geschäfte ermöglichen die höchsten prozentualen Gewinne, und diese sind das Ziel des Optionen-Profi.

V Fachbegriffe
... alphabetisch sortiert

Eine ständig erweiterte Übersicht dieser Fachbegriffe finden Sie unter der Adresse www.optionen-investor.de unter der Kategorie „Fachbegriffe".

Abstauberlimit

Wenn Sie eine Option nur zu einem Preis kaufen möchten, der sich deutlich unter dem aktuellen Kurs befindet, setzen Sie ein sogenanntes Abstauberlimit. Gerade bei dem Handel mit Optionen ist das Setzen eines Abstauberlimits immer wieder erfolgreich. Durch ihre Hebelwirkung schwanken Optionen oft stark im Preis. Ein kurzzeitiges Erreichen Ihres Abstauberlimits ermöglicht Ihnen einen günstigen Kaufpreis einer Option und optimiert Ihre Gewinnchancen. Siehe auch unter „Hebelwirkung von Optionen" in diesem Glossar.

ADRs (= American Depository Receipts)

Ein ADR (American Depository Receipt) ist ein Zertifikat, das von einem US-amerikanischen Kreditinstitut ausgestellt wird, das die zugrunde liegenden Aktien verwahrt. Diese ADRs werden in US-Börsen wie normale Aktien gehandelt.

Aktienoption

Mit dem Kauf einer Option erwirbt der Käufer das Recht, eine Aktie in der Zukunft zu einem in der Option festgelegten Preis (Basispreis) zu kaufen oder zu verkaufen.

Amerikanische Option

Der Käufer einer Option amerikanischen Typs hat während der gesamten Laufzeit das Recht, diese auszuüben.

Am Geld

Eine Option, deren Basispreis dem aktuellen Kurs des Basiswerts entspricht. Wenn eine Aktie als Basiswert bei einem Kurs von 50 € steht und Sie einen Call oder Put kaufen, der als Basispreis 50 € hat, steht diese Option „am Geld". Während der Laufzeit jeder Option kann sich der Status „am Geld – im Geld – aus dem Geld" verändern. Siehe auch „im Geld" und „aus dem Geld".

Ask

Das englische Wort „ask" heißt „fragen". An der Börse „fragt" ein potenzieller Verkäufer einer Option beispielsweise, ob ein Käufer für einen Kurs von 1,25 € seine Option kaufen möchte. Das aktuell beste Verkaufs-Angebot eines Traders an der Börse erscheint im „Ask". Dieses sehen Sie bei einer Kursabfrage oder permanent in Ihrer Handelsmaske. Nehmen wir an, aktuell sind die 1,25 € der beste Preis, sehen Sie dieses Angebot bei der Kursabfrage. Sobald nun ein anderer Marktteilnehmer seine Optionen zu einem Kurs von 1,20 € anbietet, sind diese 0,05 € billiger. Der neue beste Preis erscheint als Angebot. Gleichzeitig wird immer als „Ask Volumen" die Stückzahl angegeben, die zu diesem Kurs angeboten wird.

Aus dem Geld

Ein Call ist „aus dem Geld", wenn der Basispreis der Option über dem aktuellen Kurs einer Aktie ist. Wenn eine Aktie bei einem Kurs von 50 € steht und Sie kaufen einen Call mit einem Basispreis von 51 € oder höher, nennt man das „aus dem Geld". Sie wissen, dass Sie bei einem Kontrakt Calls das Recht haben, 100 Aktien zum Basispreis der Option zu beziehen. Sie dürften also in diesem Beispiel 100 Aktien für je 51 € kaufen, bekämen diese an der Börse aber für 50 € pro Aktie. Diese Option ist damit „aus dem Geld". Die Gewinn-Chance für den Call liegt in dem erwarteten Kursgewinn der Aktie.

Für einen Put gilt das entsprechend umgekehrt. Bei dem angenommenen aktuellen Kurs von 50 € läge ein Put mit dem Basispreis 49 € „aus dem Geld". Sie hätten ja in diesem Beispiel das Recht, 100 Aktien für 49 € pro

Aktie zu verkaufen. An der Börse bekämen Sie aber 50 € je Aktie. Während der Laufzeit jeder Option kann sich der Status „am Geld – im Geld – aus dem Geld" verändern. Siehe auch unter „am Geld" und „im Geld" in diesem Stichwortverzeichnis.

Ausüben einer Option

Wenn Sie das Recht auf Aktienbezug bei einem Call oder Aktienverkauf bei einem Put nutzen und Aktien beziehen oder liefern, nennt man das „Ausüben einer Option". Man unterscheidet die europäische Ausübung von der amerikanischen Ausübung. Die Unterscheidung hat nichts damit zu tun, ob eine Option in den USA oder Europa gehandelt wird. Auch in Europa gehandelte Optionen haben meist die „amerikanische" Ausübungsform. Eine Option mit der europäischen Ausübung kann nur am Verfallstag ausgeübt werden. Eine Option mit amerikanischer Ausübung kann jederzeit während ihrer Laufzeit ausgeübt werden. Typischerweise werden Optionen aber nicht „ausgeübt", sondern vor ihrer Fälligkeit „glattgestellt". Von daher hat diese Unterscheidung in der Praxis kaum Bedeutung. Siehe auch unter „Glattstellen" in diesem Stichwortverzeichnis.

Baisse

Bärenmarkt oder Baisse sind Synonyme für sinkende Kurse der Börsen.

Bär, Bären, Bearish, Bärenmarkt

Bärenmarkt oder Baisse sind Synonyme für sinkende Kurse der Börsen.

Barausgleich

Bei einem gekauften Call oder Put kann das entsprechende Recht zum Kauf oder Verkauf des Basiswertes (z. B. eine Aktie) ausgeübt werden. Die physische Handelbarkeit der Aktie ist gegeben. Bei einer „Index-Option" ist die physische Handelbarkeit nicht gegeben. Am Ende der Laufzeit einer Index-Option wird daher der Gewinn oder Verlust immer bar ausgeglichen. Siehe auch unter „Ausüben einer Option" und „Index-Option" in diesem Stichwortverzeichnis.

Basispreis

Er bezeichnet den Preis, zu dem man den Basiswert bei Ausübung einer Option kaufen oder verkaufen kann, wenn man die Option ausübt.

Basiswert

Als Basiswert bezeichnet man den Vertragsgegenstand eines Termin-, Terminkontrakt- oder Optionsgeschäfts, der für die Erfüllung und Bewertung des Vertrags als Grundlage dient. Basiswerte sind z. B. Aktien, Indizes, Rohstoffe oder Währungen.

Bestens, Kauf oder Verkauf, bestens

Bestens ist eine Handelsoption für Verkäufe im Wertpapierhandel, die ohne Kurslimit ausgeführt wird. Im Orderbuch der Börse, an der verkauft werden soll, wird für den Verkaufauftrag ein Kaufauftrag gleicher Stückzahl mit dem besten (höchsten) Preis gesucht und entsprechend wird der Kaufauftrag mit der Orderangabe „bestens" zum bestmöglichen, das heißt günstigsten Kurs ausgeführt.

Bid

Das englische Wort „bid" heißt „bieten". An der Börse „bietet" ein potenzieller Käufer einer Option beispielsweise 1,25 € für den Kauf einer Option. Das aktuell beste Kauf-Angebot eines Traders an der Börse erscheint im „Bid". Dieses sehen Sie bei einer Kursabfrage oder permanent in Ihrer Handelsmaske. Nehmen wir an, aktuell sind die 1,25 € der beste Preis, der geboten wird. Sobald nun ein anderer Marktteilnehmer diese Option zu einem Kurs von 1,30 € kaufen würde, ist dieses Angebot besser. Der neue Preis erscheint als Angebot im „Bid". Gleichzeitig wird als „Bid Volumen" die Stückzahl angegeben, die zu diesem Kurs nachgefragt wird. Je höher Angebot und Nachfrage sind, desto fairer werden dadurch automatisch die Preise für Optionen. Siehe auch unter „ask" in diesem Stichwortverzeichnis.

Billigst

Billigst ist eine Handelsoption für eine Kauforder im Wertpapierhandel, die ohne Bedingungen an den Kurs des Wertpapiers ausgeführt wird. Im Orderbuch der Börse, an der gekauft werden soll, wird für den Kaufauftrag ein Verkaufsauftrag gleicher Stückzahl mit dem billigsten Preis gesucht.

Black-Scholes-Modell

Finanzmathematisches Modell zur Bewertung von Finanzoptionen.

Briefkurs

Der Briefkurs ist der Kurs, zu dem ein Marktteilnehmer bereit ist, ein Wertpapier zu verkaufen.

Broker

Ein Finanzdienstleister, der für die Vermittlung und Abwicklung von Wertpapiergeschäften zuständig ist. Broker nehmen für die Vermittlung von Orders sehr unterschiedlich hohe Gebühren. Durch die Wahl des richtigen Brokers können Sie damit Ihre Gewinn-Chancen optimieren. Dafür habe ich eine Broschüre „Brokervergleich" erstellt, die Sie per E-Mail an die Adresse redaktion@optionen-profi.de kostenlos anfordern können.

Buchgewinn

Ein zu 350 € gekaufter Kontrakt mit Optionen ist beispielsweise aktuell mit dem aktuellen Kurs von 600 € in Ihrem Depot „eingebucht". Sie haben also einen Gewinn von 250 €. Diesen Gewinn, der noch nicht realisiert ist, nennt man Buchgewinn.

Bulle

In einer Marktphase, in der die Preise der Aktien anhaltend an Wert gewinnen, wird von einer Hausse oder einem Bullenmarkt gesprochen.

Butterfly-Spread

Eine sehr komplexe Kombination aus gleicher Anzahl gekaufter Calls und Puts in Verbindung mit verkauften Calls und Puts. Alle Optionen beziehen sich auf denselben Basiswert und haben unterschiedliche Basispreise. Eine sehr schnell unüberschaubar werdende Strategie mit geringen Gewinnaussichten. Diese werden wir im Optionen-Profi nicht empfehlen.

Call

Eine Option, die dem Käufer zum Kauf des Basiswertes (z. B. Aktie, Index, Rohstoff oder Währung) zu einem bestimmten Preis bis zu oder an einem bestimmten Datum berechtigt. Siehe auch unter „Option" in diesem Stichwortverzeichnis.

Cash out

Eingesetztes Geld aus einem Optionen-Trade ziehen und nur den Gewinn neu investieren. Wenn bei einem Optionen-Trade ein hoher Gewinn erreicht und die Option weit „ins Geld" (siehe dort) gelaufen ist, wird diese Option verkauft. Durch den Verkauf der Option wird der Gewinn realisiert. Gleichzeitig wird eine neue Option auf denselben Basiswert gekauft. Diese Option wird mit einem Basispreis „am Geld" gewählt. Die neu gekaufte Option „am Geld" ist erheblich preiswerter als die verkaufte Option „im Geld". Damit wird im Idealfall nur der realisierte Gewinn neu investiert. Durch Verkauf der ursprünglichen Option mit Gewinn und Kauf der preiswerteren neuen Option hat der Anleger durch das „Cash out" Gewinne gesichert und das Verlustrisiko reduziert. Er kann trotzdem von der weiteren Kursentwicklung des Basiswertes profitieren.
Siehe auch unter „Basispreis", „Basiswert", „am Geld" und „im Geld" in diesem Stichwortverzeichnis.

Chart

Diagramm zur Darstellung von Börsenkursen bezogen auf eine Zeitspanne.

Chartanalyse

Der Begriff Chartanalyse beschreibt eine Vielzahl einzelner Techniken, die eine Vorhersage zukünftiger Börsenkurse anhand historischer Kursentwicklungen (z. B. Trends) anstreben.

Charttechnik

Untersuchung von Gleitenden Durchschnitten, Unterstützungen, Widerständen, Abweichungen und vielen anderen Kursindikatoren. Ziel ist es, Trends und Kursbandbreiten zu finden sowie künftige Trends zu prognostizieren. Siehe auch unter „Durchschnittslinien" in diesem Stichwortverzeichnis.

Clearing-Stelle

Verkäufer und Käufer von Optionen handeln untereinander anonym. Zwischengeschaltet ist an allen Börsen die Stelle, die Kauf, Verkauf, Ausübung oder Glattstellung einer Option abwickelt. Diese Stelle ist die Clearing-Stelle.

DAX

Der DAX, wichtigster deutscher Aktienindex, ist eine Kennziffer, die über Entwicklung und Stand der deutschen Aktienkurse der 30 größten deutschen Aktiengesellschaften Auskunft gibt. Er ist Ausgangspunkt für den deutschen Index-Terminhandel.

Delta

Delta ist eine Kennzahl in der Optionspreisberechnung. Delta bezeichnet die Veränderung des Optionspreises im Vergleich zur Kursveränderung des Basiswertes, der der Option zugrunde liegt.

Delta-neutral-Position

Eine komplexe Kombination von Optionen, die dazu führt, dass sich der addierte Optionspreis aller auf diesen Basiswert im Depot befindlichen Optionen nicht ändert, auch wenn der Basiswert im Kurs schwankt. Sicher mag es Gründe geben, eine solche Position einzugehen. Man kann dabei mit dem

Zeitwert spekulieren oder andere Strategien verfolgen. Wirklich große Gewinne sind damit nicht zu erzielen.

Derivat

Stammt vom lateinischen Ausdruck „derivare" (= ableiten). Sammelbezeichnung für viele Produkte, deren Kauf- und Verkaufskurse vom Preis anderer Produkte abhängt oder davon abgeleitet wird.

Deutsche Terminbörse (DTB)

Die DTB war die erste neue Börse, die nach dem Zweiten Weltkrieg in Deutschland gegründet wurde. Sie ist eine Börse zum ausschließlichen Handel von Finanzderivaten. Die DTB hat sich 1998 mit der Schweizer Terminbörse SOFFEX zur Eurex zusammengeschlossen.

Discount-Broker

Broker, die in der Regel niedrigere Gebühren und Aufschläge im Wertpapierhandel anbieten als Banken.

Dow Jones Index

Einer der weltweit wichtigsten Aktienindizes. Er dient zur Messung der Entwicklung des US-amerikanischen Aktienmarktes.

Dreifacher Hexensabbat

Viermal im Jahr (jeweils am 3. Freitag der Monate März, Juni, September und Dezember) kommt es an den Börsen zum sogenannten dreifachen Hexensabbat, dem großen Verfallstag. An diesen Tagen laufen an der Terminbörse EUREX die folgenden Terminkontrakte aus, d. h. sie verfallen: Future auf den DAX, Optionen auf den DAX, Optionen auf Aktien. Kennzeichnend dafür ist, dass häufig die hohe Volatilität den Dreifachen Hexensabbat begleitet.

Durchschnittslinien, gleitend

Gleitende Durchschnitte (GD), in den USA „Moving Averages", gehören zu den häufig benutzten charttechnischen Analysemitteln. GDs sind auf vielfältige Weise einsetzbar. Der Name „Gleitender Durchschnitt" beinhaltet die beiden wichtigsten Eigenschaften des Indikators. Gleitend sagt, dass die Berechnung mit jedem neuen Kurs um einen Tag nach vorn verschoben wird. Der bis dahin letzte Kurs fällt also aus der Berechnung hinaus. Durchschnitt heißt, dass über eine bestimmte Anzahl von Tagen ein Mittelwert der Kurse gebildet wird. Dieser Mittelwert der Kurse der beispielsweise letzten 50, 100 oder 200 Tage wird in den Kursverkauf (Chart) der zu analysierenden Aktie eingezeichnet. Der Verlauf der gleitenden Durchschnittslinien im Verhältnis zu den tagesaktuellen Kursen erlaubt Schlussfolgerungen für den Verlauf der zukünftigen Kurse und liefert Entscheidungsgrundlagen für die Gesamtanalyse.

Emittent

Aussteller von Wertpapieren, die erstmals in Umlauf gebracht werden. Optionen haben keinen Emittenten. Deshalb spricht man auch von Emittenten-Produkten in Abgrenzung zu den bankenunabhängigen Optionen.

Nachteile der Emittenten-Produkte:

1. Es besteht die Gefahr des Totalverlustes durch Insolvenz des Emittenten. Egal wie hoch der Wert eines solchen Finanzproduktes ist – wird der Emittent insolvent, ist das Geld weg. Die Insolvenz von Lehman Brothers hat uns das im Jahr 2008 drastisch vor Augen geführt. In der im August/September 2011 wieder hochkochenden Diskussion um Rettungsschirme für Staaten und Banken bekommt das neue Brisanz.

2. Sie handeln gegen die Bank. Im wahrsten Sinne des Wortes. Wir hören immer wieder von Anlegern, dass deren Bank gerade dann „ein technisches Problem" hatte, wenn sie Gewinne realisieren oder Verluste begrenzen wollen. Sie sitzen machtlos vor der Handelsmaske und können nicht eingreifen. Und das kommt laufend vor. Außerdem können Emittenten

ihre Finanzprodukte im Kurs manipulieren. Und sie tun das auch. Fazit: Emittenten-Produkte sind manipulationsanfällig.

Unser Tipp: Investieren Sie keinen Cent in Emittenten-Produkte.

Eurex

Europäische Terminbörse. Eine der größten Terminbörsen für Finanzderivate weltweit.

Europäische Option

Der Inhaber einer Kaufoption erwirbt das Recht, ein Wertpapier oder ein Produkt zu einem vorher vereinbarten Preis (Basispreis der Option) zu kaufen oder zu verkaufen (ausüben). Europäische Optionen können nur am Ende der Laufzeit ausgeübt werden. Amerikanische Optionen (siehe dort) können jederzeit während ihrer Laufzeit ausgeübt werden.

Eurostoxx 50

Europäischer Aktienindex, der sich aus den Anteilsscheinen der 50 größten Aktiengesellschaften aus den Ländern der Eurozone zusammensetzt.

Fed

Abkürzung für die amerikanische Notenbank „Federal Reserve Board".

Finanztermingeschäft

Am Terminmarkt abgeschlossenes Geschäft mit einem in der Zukunft liegenden Erfüllungstermin.

Futures

Eine Art der börsengehandelten Termingeschäfte. „Future" bezeichnet einen verbindlichen Börsenvertrag (Kontrakt) zwischen zwei Parteien, in dem beide Parteien Rechte und Pflichten haben. Beim Handel von Futures besteht deshalb immer auch das Risiko von Verlusten bis hin zur Nachschusspflicht.

Gamma

Gamma ist eine Kennzahl in der Optionspreisberechnung. Das Gamma misst die Veränderung des Delta in Bezug auf eine Veränderung des Kurses des Basisobjektes.

Gap up

Kursveränderung einer Aktie oder eines Index nach oben, bei der ein Kursbereich übersprungen wurde, ohne dass ein Handel stattfinden konnte. Typisch ist ein „Gap up" direkt zur Börseneröffnung in Deutschland. Wenn am Vorabend die US-Börsen um 22.00 Uhr (MEZ = mitteleuropäische Zeit) mit deutlichen Kursgewinnen geschlossen haben, beinhalten die ersten Kurse um 9.00 Uhr an den deutschen Börsen oft Kurssprünge zum Schlusskurs des Vortages, die nicht handelbar sind.

Gap down

Plötzliche Kursveränderung einer Aktie oder eines Index nach unten, bei der ein Kursbereich übersprungen wurde, ohne dass ein Handel stattfinden konnte. Typisch ist ein „Gap down" direkt zur Börseneröffnung in Deutschland. Wenn am Vorabend die US-Börsen um 22.00 Uhr (MEZ = mitteleuropäische Zeit) mit deutlichen Kursverlusten geschlossen haben, beinhalten die ersten Kurse um 9.00 Uhr an den deutschen Börsen oft Kurssprünge zum Schlusskurs des Vortages, die nicht handelbar sind.

Gedecktes Stillhaltergeschäft

Ein Stillhaltergeschäft ist gedeckt, wenn der Verkäufer des Calls oder Puts ein entsprechendes Gegengeschäft tätigt bzw. wenn er die Aktien bei einem verkauften Call in seinem Depot hat. Siehe auch unter „Stillhalter" und „Spread" in diesem Stichwortverzeichnis.

Geldkurs

Kurs, zu dem ein Marktteilnehmer bereit ist, ein Wertpapier zu kaufen.

Glattstellung

Vorgang, bei dem ein Termingeschäft erfüllt wird. Der Käufer eines Calls (Puts) verkauft einen gleichen Call (Put). Der Stillhalter eines Calls (Puts) kauft einen gleichen Call (Put). Siehe ausführliche Darstellung im Kapitel „Fachbegriffe" ab Seite 69.

Gleitende Durchschnittslinie

Trendindikator in der Chartanalyse.

GTC-Order

GTC ist, aus dem Englischen kommend, die Abkürzung für „good till cancel" und meint eine zeitlich unbefristete Order an der Börse.

GTD-Order

GTD ist, aus dem Englischen kommend, die Abkürzung für „good till day" und meint eine zeitlich befristete Order an der Börse.

Hausse

Der Begriff Bullenmarkt oder Hausse steht an der Börse für steigende Kurse.

Hebel

Kennzahl bei Optionen, die zeigt, um wie viel eine Option im Verhältnis zum Basiswert steigt. Ein Hebel von 20 zeigt beispielsweise, dass eine Option 20 € im Preis zulegt, wenn der Basiswert um 1 € im Kurs steigt.

Hebelwirkung

Hebelwirkung einer Option im Vergleich zum Basiswert (beispielsweise Aktie). Der Hebeleffekt kann eine Option beispielsweise zum 100%-Ziel-Gewinn führen, wenn die Aktie (Basiswert) nur 10% zulegt.

Hedging

Auch Sicherungsgeschäft, bezeichnet ein Finanzgeschäft zur Absicherung einer Investition gegen Risiken wie beispielsweise Absicherung eines Aktiendepots gegen fallende Kurse z. B. mit Put-Optionen. Wechselkursschwankungen oder Veränderungen in den Rohstoffpreisen durch Gegengeschäfte (Hedging) abzusichern sind weitere Beispiele.

Im Geld

Ein Call ist „im Geld", wenn der Basispreis der Option unter dem aktuellen Kurs einer Aktie ist. Wenn eine Aktie bei einem Kurs von 50 € steht und Sie kaufen einen Call mit einem Basispreis von 49 € oder tiefer, dann nennt man das „im Geld". Der Grund: Sie haben bei einem Kontrakt Calls das Recht, 100 Aktien zum Basispreis der Option zu beziehen. Sie dürften also in diesem Beispiel 100 Aktien für je 49 € kaufen und könnten diese für 50 € pro Aktie verkaufen. Diese Option steht damit „im Geld".

Für einen Put gilt das entsprechend umgekehrt. Bei dem angenommenen aktuellen Kurs von 50 € läge ein Put mit dem Basispreis 51 € „im Geld". Sie hätten ja in diesem Beispiel das Recht, 100 Aktien für 51 € pro Aktie zu verkaufen. An der Börse bekämen Sie aber nur 50 € je Aktie. Wenn eine Option „im Geld" ist, dann sagt man auch, sie hat einen inneren Wert.

Während der Laufzeit jeder Option kann sich der Status „am Geld – im Geld – aus dem Geld" verändern. Siehe auch unter „am Geld" und „aus dem Geld" und „Wert, innerer" in diesem Stichwortverzeichnis.

Implizite Volatilität

Sie reflektiert die Erwartung der Marktteilnehmer bezüglich der künftigen Kursausschläge (Schwankungsbreite) eines Wertpapiers oder Indexes.

Index

Ein Aktienindex ist eine Kennzahl für die Entwicklung der Aktienkurse in einem bestimmten Marktsegment des Aktienmarkts. Er dokumentiert die Entwicklung auf diesem Teilmarkt des weltweiten Finanzgeschehens.

Index-Option

Eine Option, deren Basiswert ein Index ist. Es gibt Optionen auf Indizes, wie beispielsweise den DAX, den Dow Jones oder die Nasdaq und auch auf einzelne Branchenindizes. Bei Indexoptionen kommt es immer zum Barausgleich. Siehe auch unter „Barausgleich" in diesem Stichwortverzeichnis.

Innerer Wert (Option)

Der innere Wert einer Call-Option ergibt sich aus der positiven Differenz zwischen dem Kurs des der Option zugrunde liegenden Basiswertes und dem Basispreis der Option (beispielsweise eine Aktie). Der innere Wert einer Put-Option ergibt sich aus der positiven Differenz zwischen dem Basispreis der Option und dem Kurs des der Option zugrunde liegenden Basiswertes (beispielsweise eine Aktie).

ISIN (International Securities Identification Number)

Eine 12-stellige Kennzeichnung aus Zahlen und Ziffern, die an deutschen Börsen den meisten Wertpapieren zugeordnet werden und diese eindeutig identifizieren. Die ISIN löste am 22.04.2003 die Wertpapierkennnummer (WKN) offiziell ab. Optionen haben keine ISIN oder Wertpapier-Kennnummer. Sie werden eindeutig durch die Angaben Call oder Put, Kürzel des Basiswertes, Basispreis und Laufzeit definiert. Siehe auch unter „Wertpapier-Kennnummer" in diesem Stichwortverzeichnis.

Kaufpreis, empfohlener

Im Basis-Depot empfehlen wir Ihnen nur die Call- oder Put-Optionen, die eine optimale Chance auf den 100%-Ziel-Gewinn haben. Zur Kalkulation des 100%-Ziel-Gewinns nehmen wir den empfohlenen Kaufpreis. Mit diesem

Kurs kalkulieren wir den Verkaufskurs für den 100%-Ziel-Verkauf. Wegen der oft stark schwankenden Preise für Optionen geben wir bei diesen mittel- bis langfristig geplanten Empfehlungen im Innenteil jeder Ausgabe zusätzlich eine Preisspanne für den hier angegebenen empfohlenen Kaufpreis an (siehe auch unter „Preisspanne".)

Unser Tipp: Kaufen Sie zum empfohlenen Kaufpreis oder besser.

Kauf-Option

Eine Kauf-Option ist ein Call. Siehe auch unter „Call" in diesem Stichwortverzeichnis.

Konsolidierung

Als Konsolidierung wird das Abfallen von Aktienkursen nach einem starken, vorangegangenen Kursanstieg bezeichnet. Eine Konsolidierung kann auch durch eine andauernde Seitwärtsbewegung der Börsen stattfinden.

Kontrakt

Ein Kontrakt ist die kleinste handelbare Einheit beim Handel mit Optionen. Bei Optionen auf Aktien sind meist 100 Optionen zu einem Kontrakt zusammengefasst. Die Eigenschaften eines Kontrakts sind standardisiert. Bei Optionskontrakten sind Basiswert, Basispreis und Laufzeit festgelegt. Siehe auch unter „Basispreis", „Basiswert" und „Laufzeit" in diesem Stichwortverzeichnis. Im Sprachgebrauch vermischen sich die Bezeichnungen Kontrakte und Calls und Puts, da ein Kauf von Optionen immer nur per Kontrakt möglich ist. Wenn Sie also hören, dass jemand Call- oder Put-Optionen gekauft hat, hat er immer einen oder mehrere Kontrakte gekauft. Es gibt wenige Ausnahmen an der Eurex, wo eine andere Stückzahl als 100 in einem Kontrakt zusammengefasst wird (beispielsweise Index-Optionen auf den DAX, oder auch Optionen auf die Allianz-Aktie). Wenn im Optionen-Profi ein solcher Kontrakt mit anderer Stückzahl als 100 empfohlen wird, weisen wir deutlich auf die veränderte Stückzahl hin.

K.o.-Instrumente

Als K.o.-Instrumente werden alle Trading-Produkte mit einem Hebel bezeichnet, die eine K.o.-Schwelle haben. Diese werden sofort wertlos, wenn der Kurs des dem K.o.-Instruments zugrunde liegenden Basiswertes unter eine bestimmte Knock-out-Schwelle fällt, bzw. über eine bestimmte Knock-out-Schwelle steigt. K.o.-Instrumente werden von Banken herausgegeben (emittiert) und aus Marketinggründen unter verschiedenen Produktbezeichnungen vertrieben (Turbo-Optionsscheine, Bull/Bear-Zertifikate, Long/Short-Zertifikate oder Waves). Wir raten vom Kauf solcher manipulationsanfälligen Finanzprodukte ab.

Laufzeit (Option)

Zeitraum zwischen dem aktuellen Datum und dem Tag, an dem die Option zuletzt ausgeübt werden kann.

Leerverkauf

Verkauf von Wertpapieren an der Börse, die sich nicht im Eigentum des Verkäufers befinden, zumeist mit der Absicht, sie später billiger erwerben zu können, um an der Differenz zwischen Verkaufs- und Kaufpreis zu verdienen. Der Verkäufer beschafft sich diese Wertpapiere mittels einer Wertpapierleihe (juristisch korrekt handelt es sich um ein Sachdarlehen).

Letzter Handelstag

Letzter Tag, an dem der Handel eines Wertpapiers oder einer Option stattfinden kann.

Lieferung

Der Stillhalter einer Call-Option muss den Basiswert der Option liefern, wenn dieses Recht vom Käufer der Option ausgeübt wird.

Limit/Limitierung

Als Limit gilt der Kurs, zu dem eine Wertpapierorder ausgeführt werden darf. Bei einem Kauf gibt das Limit den höchsten Kaufkurs an, während es bei einem Verkauf den Mindestkurs angibt.

Long-Call

Sie können einen Call kaufen, aber auch einen Call verkaufen, den Sie nicht im Depot haben. Im Sprachgebrauch unterscheidet man deswegen den gekauften Call (Long-Call) vom verkauften Call (Short-Call) des Stillhalters.

Long-Put

Sie können einen Put kaufen, aber auch einen Put verkaufen, den Sie nicht im Depot haben. Im Sprachgebrauch unterscheidet man deswegen den gekauften Put (Long-Put) vom verkauften Put (Short-Put) des Stillhalters.

Long Straddle und Short-Straddle

Long Straddle: Bei einem Long Straddle werden gleichzeitig ein Call und ein Put mit dem gleichen Basiswert, zum gleichen Ausübungspreis (Basispreis) und mit dem gleichen Verfallsdatum gekauft.

Short-Straddle (Stillhaltergeschäft): Verkauf eines Calls und eines Puts mit dem gleichen Basiswert, zum gleichen Ausübungspreis (Basispreis) und mit dem gleichen Verfallsdatum zur Positions-Eröffnung.

Margin

Der Begriff Margin bezeichnet die Sicherheitsstellung für bestimmte börsliche Termingeschäfte. Diese kann durch Bargeld oder Wertpapiere erfolgen.

Margin Call

Entwickelt sich ein marginpflichtiger Terminkontrakt zu Ungunsten des Anlegers, bekommt er von seinem Marginkonto den Verlust abgezogen. Sinkt dadurch das Marginkonto unter die Erhaltungsmarge, wird der Anleger aufgefordert Geld nachzuzahlen. Siehe auch „Nachschusspflicht".

Market Maker

Als Market Maker werden offizielle Börsenmitglieder bezeichnet, die für bestimmte Wertpapiere (z. B. Optionen) Geld- und Briefkurse stellen und auf eigenes Risiko und Rechnung selbst handeln. Oft sind Banken oder Broker Market Maker.

Market-Timing

Optionen haben immer eine begrenzte Laufzeit. Deswegen ist es wichtig, nicht nur mögliche Kursbewegungen zu prognostizieren, sondern auch absehen zu können, innerhalb welcher Zeit diese zu erwarten sind.

MDAX

Der Midcap-Index der Deutschen Börse. Er bildet die 50 größten Unternehmen nach den 30 DAX-Werten ab.

Money-Management

Strategien für den Handel mit Wertpapieren, um an der Börse dauerhaft gewinnen zu können.

Nachschusspflicht

Bei allen Geldgeschäften kann es bei mangelnden Sicherheiten zur Aufforderung der Banken kommen, dass Geld „nachzuschießen" ist, also dass neue und zusätzliche Barmittel bereitgestellt werden müssen. Im Englischen „Margin Call" genannt. In Boomzeiten des Hausbaus, noch in den 1970er- und 1980-er Jahren, war es nicht selten, dass jemand sein Haus mit 120% des Kaufpreises beliehen hatte. Bonität und dauerhaft gutes Einkommen in der Vergangenheit reichten aus. Wenn später die Hausbewertung deutlich abgewertet werden musste oder ein Einkommen sich drastisch verringerte, reichte die Sicherheit nicht mehr aus. Es kam zur Nachschusspflicht. Dasselbe gab es an der Börse in den Boomzeiten des Neuen Marktes, wo blind alles an Aktien gekauft wurde, viel zu häufig auch auf Kredit. Als Sicherheit wurden die Depots hinterlegt. Beim Crash der Folgejahre schrumpften die Beleihungen der Depots ins Bodenlose. So mancher Anleger erhielt einen diskreten Anruf seines Bankers, mit der „Bitte", Geld nachzuschießen.

Beim Kauf von Optionen (Long-Call oder Long-Put) ist die Nachschusspflicht schon durch die Art der Geschäfte ausgeschlossen. Davon gibt es keine Ausnahme!

Beim <u>Verkauf</u> von Optionen (Short-Call oder Short-Put) kann es dagegen zu einer Nachschusspflicht kommen. Short-Positionen werden im Optionen-Profi daher nur in Ausnahmenfällen empfohlen und dann auch nur mit einer Absicherungsstrategie zur Vermeidung einer Nachschusspflicht.

NASDAQ

(National Association of Securities Dealers for Automated Quotation) An der NASDAQ werden besonders wachstumsträchtige und innovative Werte (Technologiewerte) gehandelt.

New York Stock Exchange (NYSE)

Bedeutendste Börse der Welt, wegen ihrer Lage an der New Yorker Wall Street auch einfach "Wall Street" genannt.

Omega

Omega ist eine Kennzahl in der Optionspreisberechnung. Das Omega gibt an, um wieviel Prozent sich der Preis einer Option verändert, wenn sich der Basiswert um ein Prozent ändert.

Option

Geltend zu machendes oder gegen sich wirkendes Recht, ein bestimmtes, vertragsmäßig vereinbartes Angebot (innerhalb einer bestimmten Frist) anzunehmen oder abzulehnen.

Optionen-Profi

1. Deutscher Dienst für Investitionen in Optionen, Chefredakteur: Dr. Gregor Bauer. Im Internet unter: www.optionen-investor.de

Optionspreis

Prämie, die der Käufer einer Option bezahlen muss und der Verkäufer dieser Option erhält.

Optionspreismodell

Mathematisches Modell zur Berechnung des fairen Preises einer Option.

Optionspreistheorie

Wissenschaftliche Theorie über die Bestimmung des fairen Optionspreises. In der Praxis sorgen Angebot und Nachfrage für den fairen Preis von Optionen.

Optionsschein (Warrant)

Handelsinstrument, auch Warrant genannt. Wichtige Abgrenzung zu Optionen: Optionen haben keine Emittentin. Im Gegensatz dazu stehen beispielsweise Optionsscheine, die von Banken emittiert werden und von Banken in ihren Kursen beeinflusst werden können. Optionsscheine haben eine WKN oder ISIN. Optionen haben diese nicht.

Performance (Wertentwicklung)

Die Performance misst die Wertentwicklung eines Investments oder eines Portfolios. Die regelmäßig aktualisierte Performance des Optionen-Profi mit der Aufstellung aller Trades seit Bestehen (Start im Jahr 2006) finden Sie im exklusiven Leserbreich unserer Internetseite www.gevestor.de

Portfolio

Als Portfolio bezeichnet man im allgemeinen alle Wertgegenstände, die sich in einem Besitz befinden. Das sind vorrangig Wertpapier oder liquides Vermögen, können aber auch Immobilien oder Grundbesitz sein.

Prämie

Der bezahlte oder vereinnahmte Preis im Optionen-Handel.

Preisspanne

Wegen der oft stark schwankenden Preise für Optionen geben wir bei den mittel- bis langfristig geplanten Empfehlungen für das Basis-Depot im Innenteil jeder Ausgabe eine Preisspanne für Ihren Kauf an. Sie sollten nicht billiger als zu dem dort angegebenen unteren Kurs kaufen, nur weil eine Option „so schön billig" ist. Der Grund: Ist der Preis einer Option nach unserer Empfehlung so stark gefallen, hat sich nachträglich etwas ereignet, sodass unsere Analyse sich wahrscheinlich geändert hat.

Put

Eine Option, die zum Verkauf des Basiswertes (meist eine Aktie) zu einem bestimmten Preis bis zu einem bestimmten Termin berechtigt. Siehe auch unter „Option" in diesem Stichwortverzeichnis.

Put-Option

Nennt man eine Option, durch die der Käufer der Option das Recht erwirbt, einen bestimmten Bezugswert (Basiswert) innerhalb eines festgelegten Zeitraums zum vorher vereinbarten Preis zu verkaufen.

QQQ

Auf dem NASDAQ 100 basierende ETFs (Exchange Traded Funds). Eine Investition in den QQQ entspricht einer Investition in die Nasdaq.

Rally

Übliche Bezeichnung für eine nachhaltige Aufwärtsbewegung der Börsenkurse.

Realtime-Kurs

Kurs, der in demselben Augenblick übermittelt wird, in dem er tatsächlich entsteht (Echtzeit).

Restlaufzeit

Die bis zur Fälligkeit einer Forderung oder bis zum Verfall eines Rechts (Bezug oder Lieferung von Aktien über Optionen und Optionsscheine) verbleibende Zeitspanne. Beispiel: Restlaufzeit einer Option.

Rho

Das Rho ist eine Kennzahl in der Optionspreisberechnung. Sie gibt an, wie stark sich der Wert der Option ändert, wenn sich der risikofreie Zinssatz am Markt um einen Prozentpunkt ändert.

Risiko

Marktrisiko: Sind an den internationalen Börsen Kursrückgänge zu verzeichnen, wird sich dem kaum ein Fonds entziehen können. Dieses Marktrisiko wird umso größer, je spezieller der Anlageschwerpunkt eines Fonds ist, denn damit wird tendenziell auf eine breite Streuung verzichtet. **Investoren in Optionen haben den Vorteil, dass Sie durch Kauf von Puts auch bei Kursrückschlägen der Börsen hohe Gewinne erzielen können und so in der Lage sind, Verlustrisiken zu managen.**

Risikomanagement

Beim Risikomanagement wird durch den Einsatz von Strategien das Risiko (Währungs-, Marktrisiko) eines Investments eingegrenzt. Mit Optionen lassen sich Strategien bilden, die den Handel mit Optionen kalkulierbarer machen als die reine Investition nur in Aktien.

Risikostreuung (= Diversifikation)

Risiko durch die Verteilung der Investitionssumme auf verschiedene Anlagen reduzieren. Denn das Risiko einer breit gestreuten Anlage ist geringer als die Investition in eine Einzelposition.

Schreiben einer Option

Den Verkauf einer Option, der zum Stillhaltergeschäft führt, nennt man auch „eine Option schreiben". Sie können also bei der Eröffnung eines Stillhaltergeschäftes hören: „Ich habe Option ABC geschrieben und dafür 250 € Prämie eingenommen."

Schlusskurs

Der letzte Kurs, der am Ende einer Börsensitzung ermittelt wird.

Short-Call

Sie können einen Call kaufen, das ist das „normale" Geschäft. Sie können aber auch einen Call verkaufen, den Sie nicht im Depot haben. Damit eröffnen Sie ein Stillhaltergeschäft. Im Sprachgebrauch unterscheidet man deswegen den gekauften Call (Long-Call) vom verkauften Call (Short-Call) des Stillhalters.

Short-Position

Position, die durch einen Leerverkauf von Aktien oder durch ein Stillhaltergeschäft mit Optionen entstanden ist.

Short-Put

Sie können einen Put kaufen, aber auch einen Put verkaufen, den Sie nicht im Depot haben. Im Sprachgebrauch unterscheidet man deswegen den gekauften Put (Long-Put) vom verkauften Put (Short-Put) des Stillhalters. .

Spätester Kauftag

Bis zu diesem Termin sollten Sie in diese Empfehlung einsteigen. Danach kann sich unsere Analyse verändert haben und wir empfehlen keinen Einstieg mehr.

Spread

1. Gleichzeitiger Kauf und Verkauf (Stillhalter) von Optionen, deren Kurse miteinander in Verbindung stehen und die sich bezüglich der Fälligkeit unterscheiden.
2. Die Differenz zwischen An- und Verkaufskurs einer Aktie oder Option.

Standard-&-Poors-Index

Einer der umfassendsten Aktienindizes des amerikanischen Wertpapiermarktes, in dem 100 bzw. 500 Aktienwerte enthalten sind.

Stillhalter

Ein Investor (der Stillhalter) verkauft Optionen, ohne diese im Bestand zu haben. Damit geht der Stillhalter eine festgelegte Zeit oder am Ende dieser Verpflichtung ein, den der Option zugrunde liegenden Basiswert zu einem festgelegten Preis zu liefern (verkaufter Call) oder abzunehmen (verkaufter Put). Für dieses Geschäft erhält der Stillhalter den Kaufpreis der Option, die man Prämie nennt.

Stillhaltergeschäft, gedeckt

Ein Stillhaltergeschäft ist gedeckt, wenn der Verkäufer des Calls oder Puts ein entsprechendes Gegengeschäft tätigt und einen Spread aufbaut bzw. wenn er die Aktien bei einem verkauften Call in seinem Depot hat. Siehe auch unter „Stillhalter" und „Spread" in diesem Stichwortverzeichnis.

Stop-Loss

Wenn Sie eine Kursgrenze ausgemacht haben, bei der Sie sagen: „Wenn die Aktie tiefer geht als bis zu diesem Punkt, verkaufe ich", platzieren Sie eine Stop-Loss Order, die ausgelöst wird, sobald dieser Kurs erreicht wurde. Bei Optionen empfehlen wir diese Order-Art nicht. Denn wegen der hohen Hebelkraft von Optionen kann die Stop-Loss-Order dazu führen, dass die Optionen „unglücklich" ausgestoppt werden.

Stop-Loss-Order

Weit verbreitete Art eines Verkaufsauftrags, der automatisch an die Börse gegeben wird, wenn ein bestimmter Wertpapierkurs erreicht bzw. unter- oder überschritten wird.

Straddle

Ein Long-Straddle ist der gleichzeitige Kauf eines Puts und eines Calls auf denselben Basiswert mit denselben Basispreisen. Werden Call und Put zu Beginn als Stillhalter in der genannten Konstellation verkauft, spricht man von einem Short-Straddle.

Strangle

Ein Long-Strangle ist der gleichzeitige Kauf eines Puts und eines Calls auf denselben Basiswert mit unterschiedlichen Basispreisen. Er optimiert im Vergleich zum Straddle die Gewinnchancen, indem er den Call oder den Put stärker gewichtet. Werden Call und Put zu Beginn in der genannten Konstellation verkauft, spricht man von einem Short-Strangle.

Termingeschäft

Geschäft, das zu feststehenden Konditionen bis zu oder an einem bestimmten, in der Zukunft liegenden Zeitpunkt, erfüllt werden soll oder kann. Optionen sind beispielsweise Termingeschäfte.

Termingeschäftsfähigkeit

Der Handel mit Optionen ist ein Termingeschäft. Termingeschäfte sind nur verbindlich, wenn beide Vertragsparteien termingeschäftsfähig sind. Privatpersonen erhalten die Termingeschäftsfähigkeit, wenn sie über die Risiken der Termingeschäfte aufgeklärt worden sind. Dieses übernimmt der Broker oder die Bank und lässt sich diese Aufklärung schriftlich bestätigen.

Theta

Maß für den Zeitwert von Optionen. Siehe auch unter „Zeitwert" in diesem Stichwortverzeichnis.

Trendlinie

Durch das Verbinden von Tief- bzw. Hochpunkten miteinander entstehen auf dem Chart Trendlinien.

Underlying

Underlying = Basiswert. Jede Option verbrieft das Recht auf Kauf oder Verkauf eines Finanzinstrumentes. Das der Option zugrunde liegende Underlying (Basiswert) ist meist eine Aktie, ein Rohstoff oder ein Index. Siehe auch unter „Basiswert" in diesem Stichwortverzeichnis.

Unterstützungslinie

Ein in der charttechnischen Analyse geläufiger Begriff für die Kursregion, in der eine Aktie eine charttechnische Unterstützung findet.

Unlimitierte Order

Eine Order, die ohne maximalen Preis beim Kauf oder Mindestpreis beim Verkauf einer Option erteilt wird, ist „ohne Limit" erteilt und wird dann zum bestmöglichen, kurzfristig erreichbaren Kurs ausgeführt. Bei Optionen raten wir von unlimitierten Orders ab. Siehe auch unter „Limit-Order" in diesem Stichwortverzeichnis.

Vega

Das Vega ist eine Kennzahl in der Optionspreisberechnung. Sie misst die Wirkung von Volatilitätsveränderungen auf die Optionsprämie. Das Vega kann nur geschätzt werden. Banken nutzen das Vega auch gerne, um bei von ihnen emittierten Optionsscheinen die Kurse zu ihren Gunsten zu verändern.

Verfall

Eine Option hat immer eine begrenzte Laufzeit. Nach dem in der Option festgelegten Termin verfällt für den Käufer das Recht, den Basiswert zu kontrollieren, d. h. diesen zu kaufen oder zu verkaufen. Typischerweise werden Optionen vor ihrem Verfallstermin oder Verfallsdatum glattgestellt.

Verfallstermin

Der Tag, an dem das Recht aus einer Option oder einem Optionsschein, beispielsweise eine Aktie zum Basispreis zu erwerben, erlischt; Ende der Laufzeit.

Verkaufs-Option

Eine Verkaufs-Option ist ein Put. Siehe auch unter „Put" in diesem Stichwortverzeichnis.

Volatilität

Schwankungsbereich während eines bestimmten Zeitraums von Wertpapierkursen, von Rohstoffpreisen, von Zinssätzen oder von Investmentfonds-Anteilen.

Vorbörse

Der Wertpapierhandel vor Beginn der eigentlichen Börsensitzung und außerhalb der Verantwortung der Börse.

Warrant

Englische Bezeichnung für Optionsschein.

Wert, innerer

Eine Option hat einen „inneren Wert", wenn sie „im Geld" ist. Diese beiden Begriffe („innerer Wert" und „im Geld") beinhalten eine vergleichbare Aussage. Ein Call hat einen inneren Wert, wenn er dem Besitzer den Kauf von Aktien zu einem billigeren Kurs als an der Börse ermöglicht. Ein Put hat einen „inneren Wert", wenn er dem Besitzer den Verkauf von Aktien zu einem höheren Preis als an der Börse ermöglicht. Siehe auch unter „im Geld" in diesem Stichwortverzeichnis.

Wertpapier-Kennnummer/WKN (nicht notwendig beim Optionen-Handel)

Eine 6-stellige Kennzeichnung aus Zahlen und Ziffern, die an deutschen Börsen den meisten Wertpapieren zugeordnet werden und diese eindeutig identifizieren. Die Wertpapier-Kennnummer (WKN) wurde am 22.04.2003 offiziell durch die 12-stellige ISIN (International Securities Identification Number) abgelöst. Aus praktischen Gründen wird die WKN aber weiter verwendet. Optionen haben keine WKN, sondern werden durch die Angaben Call oder Put, Kürzel des Basiswertes, Basispreis, Laufzeit ebenso eindeutig identifiziert. Siehe auch unter „ISIN" in diesem Stichwortverzeichnis.

Widerstandslinie

Ein in der charttechnischen Analyse geläufiger Begriff für die Kursregion, in der eine Aktie einen charttechnischen Widerstand findet.

Xetra

Elektronisches Börsenhandelssystem, das 1997 in Deutschland eingeführt wurde und heute für viele Wertpapiere die größte Handelsplattform darstellt. Optionen werden aber nicht über Xetra, sondern an der Eurex gehandelt. Siehe auch unter „Eurex" in diesem Stichwortverzeichnis.

Zeitwert

Bestandteil des Preises einer Option, der nur aufgrund verbleibender Restlaufzeit bezahlt wird. Der Zeitwert ergibt sich aus der Differenz zwischen dem tatsächlichen Kurs einer Option und seinem inneren Wert.

Zeitwertverfall

Eine Option beinhaltet das Recht auf Kauf oder Verkauf des Basiswertes, meist eine Aktie, zum festgelegten Preis innerhalb eines festgelegten Zeitraums. Wenn eine Aktie heute einen Kurs von 50 € hat, der Basiswert eines Calls auf diese Aktie 55 € und die Restlaufzeit nur noch eine Woche beträgt, ist sehr unwahrscheinlich, dass der Aktienkurs innerhalb dieser Zeit den Kurs von 55 € auch erreicht. Die restliche Zeit von nur noch einer Woche hat folglich wenig Wert (Zeitwert). Beträgt die Laufzeit des Calls aber noch 12 Monate, ist bei vorangegangener richtiger Analyse die Wahrscheinlichkeit recht hoch, dass der Kurs auf 55 € innerhalb von 12 Monaten steigt. Der entsprechende Zeitwert ist also erheblich höher. Daraus ersehen Sie, dass der Zeitwert einer Option immer mehr verfällt, je kürzer die restliche Laufzeit der Option ist. Eine Option hat einen progressiv zunehmenden Zeitwertverfall, je kürzer die Restlaufzeit ist. Im Optionen-Profi raten wir deswegen vom Kauf von Optionen mit kurzer Restlaufzeit ab.

Zertifikat

Zertifikate sind Wertpapiere. Es sind Inhaberschuldverschreibungen, die von Banken emittiert und an Privatkunden verkauft werden. Wichtig: Wird die Bank (der Emittent) insolvent (wie Lehman Brothers im Jahr 2008), ist das in diese Papiere investierte Geld des Anlegers weg.

Zweitkauf-Strategie

Professionelle Strategie, um noch schneller den +100%-Ziel-Gewinn – und auch mehr zu erreichen. Dabei erfolgt der 1. Kauf nur mit der Hälfte des für diesen Trade bereitgestellten Kapitals. Kommt es dann zu einem Rücksetzer der gekauften Option, empfehle ich den Zweitkauf mit der 2. Hälfte des Trading-Kapitals. Der Zweitkauf erfolgt dann zu einem tieferen Preis, wodurch insgesamt ein günstigerer Mischkurs erzielt wird. Dadurch wird das +100%-Gewinn-Ziel noch schneller erreicht.

2 Puts für 2 Märkte

Puts sichern ein Wertpapier-Depot gegen plötzliche Kurseinbrüche ab. Im Optionen-Profi verfolge ich die Strategie „2 Puts für 2 Märkte". Hierbei sichern Puts auf den DAX oder auch auf den EuroStoxx50 alle deutschen und europäischen Calls in guter Näherung ab. Die Calls auf US-Basiswerte werden mit einem Put auf den S&P 500-Aktienindex abgesichert. Das Absicherungsverhältnis Calls zu Puts wird dabei je nach Marktlage variiert. Zurzeit wird für die Absicherung von 7.000 € Investitionskapital in europäische Calls eine Investition in Puts von 1.000 € empfohlen. (Verhältnis 7 : 1). Es kann jedoch, je nach Marktlage, auch ein Verhältnis von 3 : 1, 4 : 1 oder auch 8 : 1 empfohlen werden. Dabei wird die Anzahl der zur Absicherung notwendigen Puts für den DAX und den S&P 500 separat berechnet, um mit den 2 Puts die beiden Märkte optimal abzusichern.

3-Schritte-Analyse-Modell

Das von mir entwickelte „3-Schritte-Analyse-Modell" wird zur Bestimmung des aussichtsreichsten Basiswerts und der richtigen Option eingesetzt. Dieses Modell umfasst einen strengen Selektionsprozess in 3 Schritten, der aus der Analyse konjunktureller sowie unternehmensspezifischer Daten und dem charttechnisch optimierten Kaufzeitpunkt der Option besteht.

100%-Ziel-Verkauf-Strategie

Handels-Strategie, die im Basis-Depot des Optionen-Profi umgesetzt wird. Wenn eine Option einen Gewinn von +100% erreicht hat, wird diese zu Realisierung des Gewinns glattgestellt. Hintergrund: Oftmals folgt auf einen solchen Kursanstieg eine Preis-Korrektur. Nach Beendigung dieser Korrektur kann gegebenenfalls der erneute Einstieg zu günstigeren Kursen erfolgen. Im Optionen-Profi werden so auch serienweise +100%-Gewinne erzielt.

Mein besonderer Service für Sie als Leser des Optionen-Profi: Meine exklusiven Live-Webinare!

Regelmäßig, ca. alle 14 Tage, halte ich persönlich kostenfreie Live-Webinare ab, mit jeweils:

• der aktuellen Markt-Analyse für Sie als Investoren
• Basis-Wissen zum Optionen-Handel in der Praxis
• Besprechung aller offenen Optionen-Positionen im Depot-Check

Und natürlich beantworte ich Ihre Fragen zu allen Themen des Optionen-Profi.

VI Der Optionen-Profi im Internet

Alles zum Thema Optionen-Profi finden Sie im exklusiven Abonnentenbereich des Optionen-Profi unter unserer Internet-Adresse:

www.gevestor.de

Dort finden Sie im exklusiven Abonnentenbereich des Optionen-Profi:

1. Aktuelle **Ausgaben**

   – mit dem Archiv aller Ausgaben

2. Laufende **Empfehlungen**

   – die Übersicht über das Basis-Depot

3. **Downloads**

   – die aktuelle testierte Quartalsperformance des Optionen-Profi

Informationen „rund um Optionen"

Viel Wissenswertes und ständig aktuelle Informationen „rund um Optionen"
finden Sie auch auf unserer Internetseite

www.optionen-investor.de

Zugriff auf den exklusiven Abonnentenbereich erhalten Sie durch Eingabe Ihrer Kundennummer und Ihrer Postleitzahl (auf der „GeVestor Login"-Seite).

1. Schritt:

Die Internetseite www.gevestor-login.de aufrufen

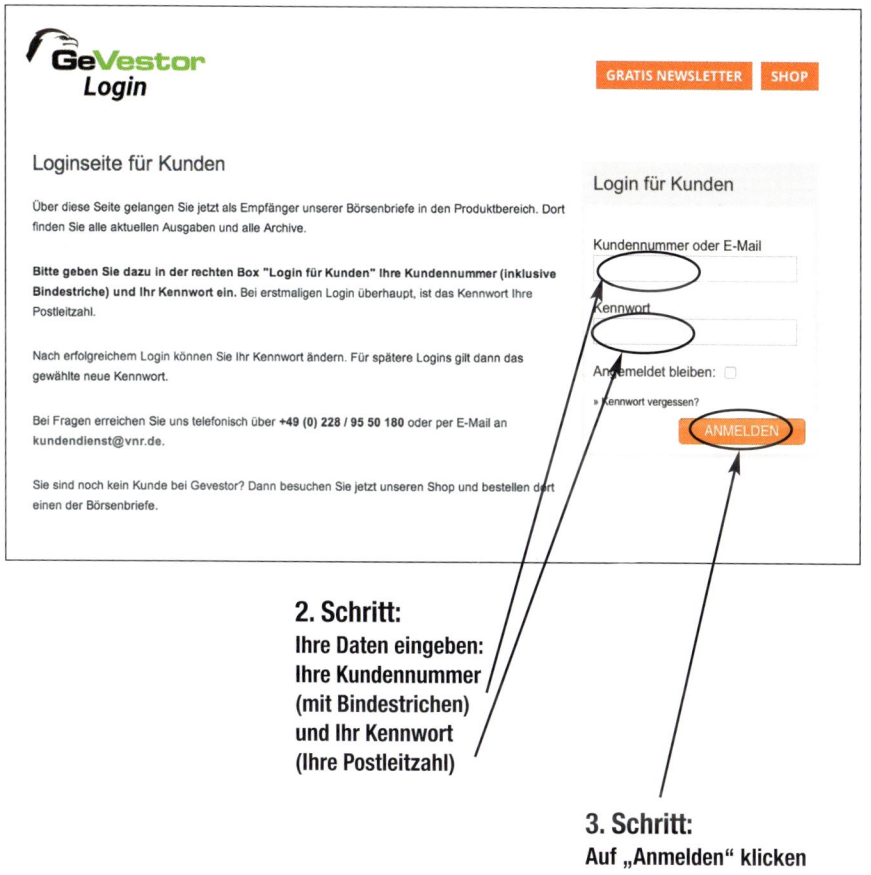

2. Schritt:

Ihre Daten eingeben:
Ihre Kundennummer
(mit Bindestrichen)
und Ihr Kennwort
(Ihre Postleitzahl)

3. Schritt:

Auf „Anmelden" klicken

VII Videos zum Optionen-Handel

Um den Umgang mit der Brokermaske zum Optionen-Handel zu vereinfachen, zeige ich Ihnen in verschiedenen selbst erstellten Videos, wie Sie Ihre Kauf- oder Verkauforders mit Optionen am besten platzieren und wie Sie die Möglichkeiten dieser Handelsmaske ganz einfach für sich nutzen können.

Diese Hilfestellung gebe ich Ihnen hier anhand der Handelsmaske von Interactive Brokers (IB). Die vorn genannten Vertriebs- und Handelspartner von IB verwenden diese Handelsmaske lediglich mit kleinen Änderungen. Sie können die Videos daher auch für diese Broker nutzen.
Zu den hinterlegten Videos gelangen Sie durch Mausklick auf die jeweils unterstrichene Zeile. Alle Links finden Sie auf meiner Internetseite unter:

www.optionen-investor.de/category/videos

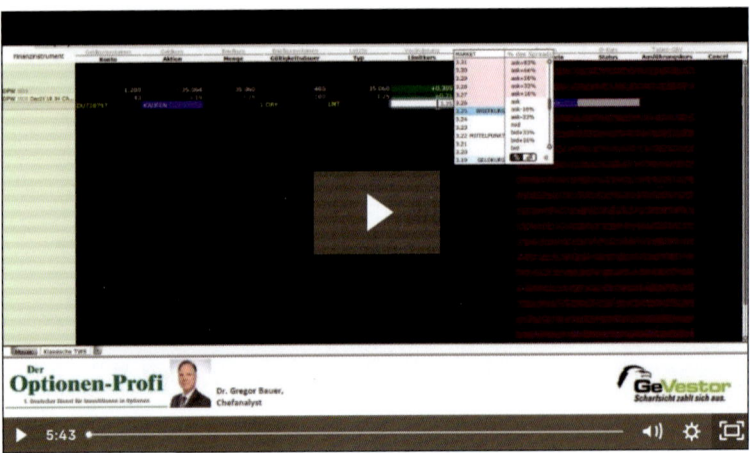

Hinweis: Ich zeige Ihnen in den Videos Beispiel-Trades! Da ich zum Zeitpunkt der Video-Erstellung nicht immer tatsächlich kaufe oder verkaufe, erstelle ich Beispiel-Trades in der simulierten Handelsmaske von Interactive Brokers. Hier handelt es sich also nicht immer um reale Trades oder Optionen, die ich im Depot habe.

Die Videos zum Optionen-Handel im Überblick

Bisher sind die folgenden Videos zum Optionen-Handel und dabei wichtigen Umsetzungshilfen von Chefredakteur Dr. Gregor Bauer erschienen:

I.   Die Handelsmaske/der Broker

Traden in der Handelsmaske

1. **Optionen handeln ist ganz einfach**
    So KAUFEN Sie eine Option
    https://www.optionen-investor.de/optionen-handeln-ist-ganz-einfach-so-kaufen-sie-eine-option-2/

2. **Optionen handeln ist ganz einfach**
    So VERKAUFEN Sie eine Option
    https://www.optionen-investor.de/so-einfach-handeln-sie-optionen-so-verkaufen-sie-eine-option/

3. **Realisieren Sie Ihren 100%-Gewinn**
    So einfach geben Sie die 100%-Ziel-Verkaufsorder in Ihre Handelsmaske ein
    https://www.optionen-investor.de/die-100-ziel-verkauf-strategie/

4. **Verkaufspreis anpassen –Optimieren Sie Ihren Gewinn**
    So passen Sie das Verkaufslimit zum Trade-Zeitpunkt an den Options-Kurs an
    https://www.optionen-investor.de/optimieren-sie-ihren-gewinn-2/

5. **So sieht der 100%-Ziel-Gewinn aus**
    Und so macht Sie das Handelssystem auf Ihren 100%-Ziel Gewinn aufmerksam
    https://www.optionen-investor.de/so-sieht-der-100-ziel-gewinn-aus-neu/

6. **Ton-Signal bei jedem 100%-Gewinner**
    Richten Sie Ihre Handelsmaske so ein, dass Sie akustisch und optisch
    aufmerksam gemacht werden, wenn Sie mit einem Trade den 100%-
    Ziel-Gewinn realisiert haben.
    https://www.optionen-investor.de/ton-signal-bei-jedem-100-gewinner-neu/

7. **Einfacher Überblick über Ihre Optionen-Trades**
    So verwalten und dokumentieren Sie Ihre Käufe und Verkäufe
    https://www.optionen-investor.de/neu-einfacher-ueberblick-ueber-ihre-optionen-trades/

Darstellen und Verwalten in der Handelsmaske

8. **Optionen einfach und übersichtlich darstellen**
    So einfach strukturieren Sie Ihre Handelsmaske
    https://www.optionen-investor.de/optionen-einfach-und-uebersichtlich-darstellen-neu/

9. **Das richtige Kontomenü zu Ihrem Depot**
    So bauen Sie sich eine übersichtliche Darstellung auf
    https://www.optionen-investor.de/video-neu-das-richtige-kontomenue-zu-ihrem-depot/

Die Links für die Videos auf dieser Seite finden Sie auf der Internetseite:

www.optionen-investor.de/category/videos

II. Der Optionen-Profi

1. Optionen-Profi: Basis-Depot
Die 100% Ziel-Verkauf-Strategie
Chefredakteur **Dr. Gregor Bauer** erläutert Ihnen seine Trade-Empfehlungen mit der 100%-Ziel-Verkauf-Strategie. Dazu analysiert er
am Beispiel einer konkreten Empfehlung zum Kauf einer Option, aus
welchen Komponenten sich eine Empfehlung zusammensetzt, damit
Sie diese schnell und einfach umsetzen können. Zusätzlich erhalten
Sie einen Einblick, wie Dr. Bauer für Sie den **+100%-Ziel-
Gewinn** kalkuliert.
**https://www.optionen-investor.de/optionen-profi-video-so-
funktioniert-das-basis-depot/**

2. Optionen-Profi: Chancen-Depot
Gewinne im „Auf und Ab" der Börse
Chefredakteur **Dr. Gregor Bauer** erläutert Ihnen seine Handels-Emp-
fehlungen für das **Chancen-Depot:** Traden im „Auf und Ab" der
Märkte, für Gewinne von +25% bis zu mehreren +100%. Dazu zeigt
er Ihnen am Beispiel eines real durchgeführten Kauf und Verkaufs,
wie einfach Sie seine Trade-Empfehlungen in der Handelsmaske eines
Brokers umsetzen können, um schnelle Gewinne im Auf und Ab der
Märkte zu realisieren.
https://www.optionen-investor.de/video-das-chancen-depot/

Die Links für die Videos auf dieser Seite finden Sie auf der Internetseite:
www.optionen-investor.de/category/videos

3.   Gewinnchancen-Beurteilung von Optionen
So analysieren Sie die Optionen in Ihrem Depot
Chefredakteur **Dr. Gregor Bauer** erläutert Ihnen in diesem Video an einem realen Beispiel, wie er den **+100%-Ziel-Gewinn** zum Zeitpunkt der Empfehlung kalkuliert, und nach welchen Kriterien er dann die Chancen auf Realisierung des +100%-Ziel-Gewinns ermittelt, während der Trade noch läuft.
https://www.optionen-investor.de/optionen-profi-video-beurteilung-der-100-gewinn-chancen/

Die Links für die Videos auf dieser Seite finden Sie auf der Internetseite:
www.optionen-investor.de/category/videos

Mein besonderer Service für Sie als Leser des Optionen-Profi: Meine exklusiven Live-Webinare!

Regelmäßig, ca. alle 14 Tage, halte ich persönlich kostenfreie Live-Webinare ab, mit jeweils:

• der aktuellen Markt-Analyse für Sie als Investoren
• Basis-Wissen zum Optionen-Handel in der Praxis
• Besprechung aller offenen Optionen-Positionen im Depot-Check

Und natürlich beantworte ich Ihre Fragen zu allen Themen des Optionen-Profi.

Kurzporträt Dr. Gregor Bauer

Dr. Gregor Bauer, Jahrgang 1962, arbeitet als selbstständiger Portfolio-Manager für Firmen und Privatkunden. Er hat sein hohes Renommee auch durch seine Tätigkeit als Dozent für Portfolio Management und Technische Analyse an der Universität Liechtenstein, der Frankfurt School of Finance & Management, der European Business School sowie verschiedener Berufsakademien erworben.

Dr. Gregor Bauer
Chefredakteur und
Chefanalyst des
Optionen-Profi

Als einer von deutschlandweit nur 300 Wirtschaftsexperten ist er Mitglied im Umfragepanel des Zentrums für Europäische Wirtschaftsforschung (ZEW, Mannheim). Seine Einschätzung zur Lage der Wirtschaft geht daher unmittelbar in das renommierte ZEW-Konjunkturbarometer ein.

Dr. Bauer gehört darüber hinaus wohl zu den renommiertesten Chartexperten in Deutschland. Der durch den Weltverband IFTA zertifizierte technische Finanzanalyst (Certified Financial Technician) ist umfassend mit den Methoden der Technischen Analyse vertraut. Dabei ist er selbst auch aktiver Trader. Dr. Bauer ist seit nunmehr 20 Jahren auch Vorstandsvorsitzender der Vereinigung Technischer Analysten Deutschlands, VTAD e. V., sowie seit mehr als 15 Jahren Mitglied des Direktoriums des Weltverbands der technischen Analysten. Dort ist er verantwortlich für das weltweite Ausbildungs- und Zertifizierungsprogramm.

Bekannt geworden ist er einer breiten Öffentlichkeit nicht nur durch seine Live-Interviews auf n-tv und DAF, sondern auch als Buchautor zum Thema „Technische Analyse der Kapitalmärkte". Seine technischen Marktanalysen veröffentlicht er regelmäßig in namhaften Publikationen (zum Beispiel Focus Money) und auf der Webseite der Börse Frankfurt. Als gefragter Vortragsredner ist er auf Finanzkonferenzen und Anlegermessen in ganz Deutschland und Europa unterwegs.

Gregor Bauer ist als Chef-Redakteur und Analyst für den Optionen-Profi tätig. Seine Tätigkeit hat er im Juli 2017 begonnen. Er vereinigt das Wissen eines Portfolio Managers mit dem eines Chartexperten und Traders und kennt somit die Märkte und Handelsstrategien in allen Facetten.

Für den Optionen-Profi kombiniert er konjunkturelle Faktoren, Unternehmensdaten und charttechnische Handelssignale zu einem professionellen und gewinnbringenden Gesamtansatz. Mit Hilfe der von ihm entwickelten Analyse-Gewinn-Strategie „In 3 Schritten zur Gewinner-Option", setzt er effiziente Handelsansätze über kurz- und mittel- bis langfristige Zeithorizonte im Chancen- und Basis-Depot um.

Zur Optimierung der Gewinne wendet Dr. Bauer für die Empfehlungen im Optionen-Profi konsequent seinen „Turbo-Trading Ansatz mit Zweitkauf-Strategie" an. Diese Strategie der Gewinnmaximierung durch Abstauberlimits ermöglicht es dem Leser, im mittel- bis langfristig orientierten Basis-Depot schneller das 100%-Gewinnziel zu erreichen.

Im Chancen-Depot dagegen werden kurzfristige Kursschwankungen der Märkte genutzt, die Laufzeit der empfohlenen Optionen ist daher kürzer als die der Optionen im Basis-Depot. Präzises Timing ist daher die wesentliche Voraussetzung für schnelle und hohe Gewinne. Der Turbo-Trading-Ansatz optimiert hier den Einstiegspreis und erhöht die Gewinne.

Über den Verlag

Mit über 35 Jahren Erfahrung in unabhängiger und konkreter Anlageberatung sind wir bestens gerüstet, Ihr Vermögen zu beflügeln. Seit 1987 schätzen unsere Kunden die qualitativ hochwertigen und unabhängigen Informationen unserer namhaften Experten, die in unserem Fachverlag ein Netzwerk aus über 50 Analysten und Redakteuren bilden – dies unter dem Dach der renommierten Verlag für die Deutsche Wirtschaft AG.

Die Beratungskompetenz unserer Fachleute geht durch alle Finanzbereiche – von festverzinslichen Wertpapieren über Aktien und Optionen bis hin zu Immobilien. Auch steuerliche und rechtliche Aspekte sowie wirtschaftspolitische Themen beleuchten wir regelmäßig und tiefgründig – mit Hinweisen auf deren Bedeutung für das Vermögen unserer Leser.

Wohlstand aufbauen und sichern

Es geht uns schon immer darum, das Vermögen unserer Kunden zu vermehren und zu sichern – flexibel und auf verschiedenste persönliche Bedürfnisse ausgerichtet.

Dabei sind wir nur unseren Kunden verpflichtet und absolut unabhängig von Banken und anderen Finanzunternehmen.

Wir haben keine eigenen Finanzprodukte – anders als Banken, die z. B. ihre eigenen Fonds, Optionsscheine, Zertifikate, CFDs, K.o.-Scheine etc. verkaufen wollen. Auch sind wir nicht abhängig von Werbegeldern und verdienen keine Provisionen, wenn wir bestimmte Instrumente empfehlen.

Unsere geldwerten Informationen, wie Börsenbriefe, Traderdienste und Finanznachrichten, publizieren wir sowohl in gedruckten Medien als auch in elektronischer Form im Internet und über E-Mail-Newsletter.

Dabei unterliegen sämtliche Dienste strengen Qualitätskontrollen und einer unabhängigen Prüfung durch eine Wirtschaftsprüfungsgesellschaft.

Unabhängigkeit und Kompetenz führen dazu, dass unsere Kunden mit den von uns empfohlenen Kapitalanlagen den jeweiligen Vergleichsindex deutlich schlagen – anders, als das bei den meisten Anlageinstituten und Fonds der Fall ist.

Entdecken Sie unsere neuesten Innovationen und besuchen Sie uns auf

www.GeVestor.de

Mit GeVestor erstklassig beraten in die Zukunft!

Live-Webinar mit Dr. Gregor Bauer

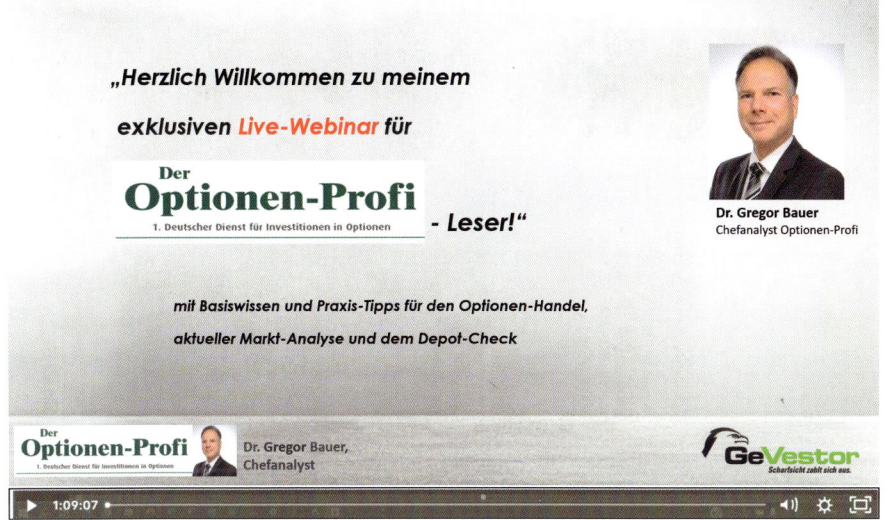

Meine exklusiven Live-Webinare für Leser des Optionen-Profi:

Alle 2 Wochen besprechen wir meine +100%-Gewinn-Strategien, mit:

1. Basiswissen: Praxisrelevante Profi-Tipps zum einfachen und gewinnbringenden Optionen-Handel
2. Marktanalyse: Die aktuelle Marktsituation und unsere darauf ausgerichtete Gewinn-Strategie
3. Der Live-Depot-Check: Wir besprechen, live in der Handelsmaske eines Brokers, die weitere Strategie zu jeder offenen Position im Optionen-Profi Depot

Meine exklusiven Einladungen dazu erhalten Sie als Leser des Optionen-Profi immer zeitnah per E-Mail.
Sie sind immer bestens über Ihre Gewinn-Chancen informiert und zudem auf alle Markt-Eventualitäten vorbereitet.

So werden wir auch in 2023 erfolgreich traden!